Véronique Witzigmann

Mein Einmachbuch

Mit farbigen Illustrationen
von Kat Menschik

Insel Verlag

Insel-Bücherei Nr. 2029

Mein Einmachbuch

Eingemacht – feingemacht!

Meine ersten Erfahrungen in Sachen Einmachen habe ich eigentlich meiner Oma Mitzi zu verdanken, denn sie war es, die mich motivierte, bei unseren Bergtouren durchs Gasteiner Tal ein Körbchen mit Schwarzbeeren zu füllen. Plötzlich machte das Wandern Spaß und schmeckte auch noch gut. Noch besser schmeckte, was Maria Witzigmann anschließend aus meiner Ausbeute zauberte, aber leider »versteckte« sie diese Köstlichkeiten im dunklen, kühlen Keller.

Wenn ich sie in diese Schatzkammer begleiten durfte, war das immer ein besonderer, fast heiliger Moment für mich. Da standen sie, die Einmachgläser – ordentlich aufgereiht, mit Zellophanhäubchen verschlossen und mit Datum versehen. Die Freude war groß, wenn ich ein Glas des herrlichen Kompotts aus den selbst gesammelten Früchten mit nach oben nehmen durfte.

Durch meine Großmutter lernte ich auch die verschiedenen Zubereitungsweisen beim Einmachen kennen. So zupfte sie etwa im Frühjahr die zarten, hellgrünen Triebe von den Tannen des Bergwaldes. Diese gab sie dann schichtweise abwechselnd mit Zucker in ein Einmachglas und stellte es am sonnigsten Platz in der Wohnung ans Fenster. Nach einigen Wochen befand sich darin der goldgelbe Tannenwipfelsirup. In der entbehrungsreichen Nachkriegszeit galt diese Delikatesse als Honigersatz.

Wie bei vielen Dingen hat auch die Geschichte des Einmachens einen militärischen Hintergrund. Bereits um 1700 experimentierte der französische Mathematiker und Physiker Denis Papin, der neben dem U-Boot auch den Schnellkochtopf erfand, mit der Konservierung von Gelees in abgedichteten Kupfertöpfen. Ein gutes Jahrhundert später ließ sein Landsmann Napoleon Bonaparte diese Idee weiterentwickeln, um die Feldverpflegung seiner Soldaten länger haltbar machen zu können. Dem Pariser Konditor und Zuckerbäcker Nicolas Appert gelang es schließlich, Lebensmittel bei 100 Grad Celsius einzukochen und in

Glasflaschen zu konservieren. Von dieser Idee inspiriert, erfand der britische Kaufmann Peter Durand im Jahr 1810 die Konservendose aus Blech.

Von den Jahren seit Beginn des Ersten Weltkriegs bis in die sechziger Jahre des letzten Jahrhunderts spricht man als der »Hochzeit des Einkochens«. Während die Industrie vor allem auf Weißblech als Material setzte, wurde in den privaten Haushalten einge-Weck-t und einge-Rex-t, um nur zwei der bekanntesten Marken für Einmachgläser zu nennen, die in unseren alltäglichen Sprachgebrauch eingegangen sind. Während dieses Hypes wurde alles aus Wald, Wiese, Garten und Beet auf verschiedene Arten eingemacht und vorrätig gehalten. Das war recht zeitintensiv und benötigte auch einiges an Platz, um diese Reserven ordnungsgemäß kühl und dunkel verstauen zu können.

Heutzutage erlebt das Einmachen ein Comeback, jedoch ohne die wirtschaftlichen Zwänge von damals. Es macht einfach Spaß, sich in der jeweiligen Jahreszeit seine Lieblingsfrüchte oder -gemüse auszusuchen und diese für einen späteren Zeitpunkt haltbar zu machen. Da wir heutzutage aber weniger Lagerungsmöglichkeiten haben, wecken wir eher kleinere Mengen ein. Dafür ist der Inhalt exklusiver denn je.

Alte Obst- und Gemüsesorten werden neu entdeckt und mit besonderen Gewürzen kombiniert. Wir wollen uns selber verwöhnen, suchen die besten Zutaten und hübsche Gläser aus. Nicht nur süß, sondern auch pikant darf es sein. Neben Marmeladen & Co stehen auch Chutneys hoch im Kurs. Von den Engländern in der Kolonialzeit aus Indien mitgebracht, sind sie heute gar nicht mehr wegzudenken von der Käseplatte, dem Grill- oder Fondueabend. Egal ob Sirup, Pesto, Kompott oder sogar Kuchen – all diese kleinen Schätze im Glas sind sehr beliebte Gastgeschenke und Mitbringsel!

Eines finde ich bei diesem Trend übrigens besonders schön: Auf diese Art und Weise leben wir Tradition und geben diese auch weiter an unsere Kinder und Enkelkinder, die auf vielfältige Art und Weise neue Geschmäcker entdecken.

Ich wünsche Ihnen viel Vergnügen beim kulinarischen Streifzug durch die Natur und unsere gut sortierten Märkte sowie viel Erfolg beim Nachmachen – beziehungsweise Einmachen – meiner Rezepte.

Herzlichst Ihre
Véronique Witzigmann

Kleine Warenkunde

Einkochen, Einwecken oder Einmachen – gibt es da einen Unterschied?
Die Begriffe werden je nach Region unterschiedlich verwendet. Der Begriff Einwecken ist durch ein spezielles Einkochverfahren der Firma Weck geprägt und sogar markenrechtlich geschützt. Einmachen und Einwecken bedeutet vom Prinzip her erhitzte Produkte im Glas zu verschließen, um damit beim Abkühlen ein Vakuum zu erzeugen und den Glasinhalt über einen längeren Zeitraum haltbar zu machen. Eingelegt werden üblicherweise Früchte, Obst, Gemüse etc. in Alkohol, Essig oder Öl. Eingekocht werden kann auf unterschiedliche Arten: im Schnellkochtopf, Dampfgarer oder im Backofen. Die im Buch aufgeführten Rezepte wurden alle im Backofen zubereitet.
In diesem Buch entsprechen einige Rezepte nicht dem klassischen Einkochen. So verzichte ich zu Gunsten des Eingemachten auf das zusätzliche Einkochen im Ofen. Die fertigen Gläser sollten kühl gelagert werden und der Inhalt alsbald verbraucht werden. Sollen die Gläser über einen längeren Zeitraum aufbewahrt werden, können sie im Backofen wie beschrieben haltbar gemacht werden.
Kompott wird aus frischem Obst oder Gemüse zubereitet und in einer Flüssigkeit wie z. B. Fruchtsaft, Wasser, Wein mit Gewürzen, je nach Belieben, gegart. Bei großen Fruchtstücken ist darauf zu achten, dass die Früchte vollständig durchgegart sind, damit sie nicht im Glas zu gären beginnen. Um das Kompott über einen längeren Zeitraum haltbar zu machen, wird Zucker mitgekocht.
Liköre sind aromatische alkoholische Zubereitungen mit relativ hohem Zuckergehalt. Sirup ist ein dickflüssiges Konzentrat, das durch Kochen aus Fruchtsäften oder Pflanzenauszügen gewonnen wird. Durch seinen hohen Zuckergehalt ist er lange haltbar. Sirup und Likör schmecken nicht nur pur; ebenso gut können

sie auch zum Aromatisieren von Desserts oder Getränken verwendet werden.
Gemüse wird traditionell sauer eingelegt. Haltbar gemacht wird diese Zubereitung durch die Zugabe von Essig, der verhindert, dass sich Mikroorganismen vermehren können.
Chutney wird auch pikante Würzmarmelade genannt. Die Konsistenz reicht von flüssig über cremig bis hin zu pastös. Die Variationen sind vielfältig mit Frucht- oder Gemüsestücken. In Indien werden Chutneys frisch zubereitet und zu jedem Essen gereicht. Während der Kolonialzeit brachten die Engländer Chutneys mit nach Europa. Es wurde üblich, Chutney in Gläsern einzumachen, um von einer längeren Haltbarkeit zu profitieren. Typischerweise wird Chutney aus Zwiebeln, Essig, Zucker, Gewürzen und Früchten zubereitet.
Pesto ist eine kaltgerührte Kräuterpaste aus Kräutern, Öl, Parmesan und Nüssen. Bei der Lagerung ist zu beachten, dass die Oberfläche des Pestos mit Öl bedeckt ist und das Glas verschlossen im Kühlschrank aufbewahrt wird. Pestos sollten zeitnah gegessen werden.
Kuchen im Glas lässt sich aus unterschiedlichen Teigen zubereiten. Ob aus Hefe- oder Rührteig, hier sind der Phantasie keine Grenzen gesetzt. Um eine Haltbarkeit von 6 bis 8 Wochen zu erhalten, ist es wichtig, dass das Glas mit einem gut sitzenden Deckel verschlossen wird, solange der Kuchen noch heiß ist.

Utensilien Eine kleine Grundausstattung sollten Sie sich zulegen, dann können Sie mit dem Einkochen auch schon beginnen. Dazu gehören: Obst- und Gemüsemesser, digitale Waage, Kunststoffbrett mittlerer Größe, Zitronenpresse, Sparschäler, Reibe, Messbecher, Durchschlag oder Sieb, 3 bis 4 Schüsseln in verschiedenen Größen, mittlerer und großer Topf aus Edelstahl oder Kupfer, Kochlöffel, Pürierstab, Eieruhr, Einmalteefilter, Edelstahltrichter, Schöpfkelle in mittlerer Größe, Gläser, Deckel, Gummiringe, Etiketten. Stift und Block für spontane Rezeptideen.

Schraubdeckel oder lieber Weckglas? Es gibt unterschiedliche Gläser, die zum Einmachen von Kompotten, Chutneys, Kuchen und Co. verwendet werden können. Dazu gehören die Twist-off-Gläser, die nach dem Einfüllen der heißen Zubereitung mit einem Deckel zugeschraubt werden. Dadurch entsteht im Glas ein Vakuum. Alternativ kann das klassische Weckglas mit Klammerverschluss oder das Schnappglas mit Bügelverschluss verwendet werden, wobei ein Gummiring als Dichtung nötig ist.
Schon einmal benutzte Deckel von Twist-off-Gläsern oder Gummiringe sollten aus hygienischen Gründen nicht wieder verwendet werden. Für eine optimale Dichtung sind zur Glasgröße passende Gummiringe und Deckel ebenso wichtig wie einwandfreies Material. Das heißt, die Gummiringe sollten keine Risse haben und nicht spröde sein.
Sauberkeit und Sterilisieren sind für die Haltbarkeit der eingekochten Früchte eine wichtige Voraussetzung. Ich sterilisiere die Gläser meist im Backofen. Die heiß gewaschenen, abgetropften Gläser und Deckel mit der offenen Seite nach oben in einer Reine oder auf ein Backblech bei 160° für 10 Minuten in den vorgeheizten Ofen stellen. Danach auf ein sauberes Küchentuch stellen und vor dem Befüllen etwas abkühlen lassen.
Eine weitere Möglichkeit ist, die sauberen Gläser auf einem Gitter in einen weiten, tiefen Topf zu stellen. Dann den Topf mit kochendem, am besten kalkfreiem Wasser füllen und die Gläser etwa 10 Minuten auskochen. Die Gläser aus dem Topf nehmen und kopfüber auf einem sauberen Küchentuch abtropfen lassen. Ebenso mit den Deckeln verfahren. Auch die Gummiringe müssen sterilisiert werden. Die Ringe dafür fünf Minuten auskochen und bis zur Verwendung im Wasser liegen lassen.

Einkauf Die wichtigste Zutat beim Einkochen ist einwandfreies und qualitativ hochwertiges Obst bzw. Gemüse. Es sollte so eingekauft werden, wie Sie es am liebsten essen: saftig und auf den Punkt gereift. Ich rate davon ab, überreifes Obst oder

Gemüse im Rahmen der Resteverwertung einzukochen. Es hat bereits an Aroma, Geschmack, Vitaminen und Nährstoffen verloren. Vor der Verarbeitung sollten Obst oder Gemüse unbedingt gewaschen und alle beschädigten Stellen entfernt werden. Nicht jeder hat das Glück und besitzt einen Garten, der zur Ernte einlädt. Beim Einkauf auf dem Markt oder beim Gemüsehändler achte ich darauf, Früchte und Gemüse der Saison und aus der Region zu bekommen. Diese Produkte sind oft günstiger und aufgrund kürzerer Transportwege auch geschmackvoller. Bei den Zitrusfrüchten achte ich auf ungespritzte oder aus biologischem Anbau kommende Ware. Es lohnt sich übrigens, auch einmal im Bioladen oder auf dem Markt nach alten Obstsorten zu schauen.

Die Verwendung eines qualitativ hochwertigen Essigs ist die Basis beim Einmachen von Gemüsen. Billige Sorten schmecken oft scharf und riechen stechend. Um Gemüse haltbar zu machen, verwendet man am besten eine Sorte, die zwischen 4 % und 6 % Essigsäure hat. Für eine besondere Note empfiehlt sich Balsamessig, seine Würze geht in eine süßlich-fruchtige Richtung.

Öle lassen sich gut aromatisieren, wobei auch hier unbedingt auf eine gute Qualität des verwendeten Öls zu achten ist. Im Handel wird zwischen raffinierten und nativen Ölen unterschieden. Die nativen, kaltgepressten Öle gelten als die gesünderen und hochwertigeren. Als Grundlage bieten sich neutrale Sorten wie Raps- oder Sonnenblumenöl an. Fruchtiger im Geschmack ist Olivenöl. Nussige Akzente lassen sich setzen, wenn als Basis Haselnuss-, Mandel- oder Walnussöl verwendet wird.

Salz ist eines der ältesten Konservierungsmittel. Es entzieht den Lebensmitteln die Feuchtigkeit, die für Schimmel und Bakterien die Existenzgrundlage sind. Mit getrockneten Gewürzen lassen sich Salzmischungen zusammenstellen, die lange ihr Aroma halten. Als Basis für Salzmischungen kann z. B. Steinsalz oder Meersalz verwendet werden, wobei sich durch Zugabe von Rauchsalzsorten wie z. B. Hickory-Salz oder dänisches Rauchsalz besondere Akzente setzen lassen. Diese Mischungen eignen sich

besonders gut für den Einsatz beim Grillen. Auch das rosafarbene Himalaya-Salz kann als Grundlage genommen werden, sein Geschmack unterscheidet sich kaum vom üblichen Speisesalz, es ist jedoch etwas milder.
Mit dem Saft der Zitrone lässt sich so manches Kompott geschmacklich abrunden, außerdem dient seine Säure zur Konservierung. Durch die Säure werden beim Marinieren von bereits geputzten Obststücken Verfärbungen verhindert. Zitronensäure gibt es auch als Pulver zu kaufen, sie hat dieselbe Wirkung wie natürlicher Zitronensaft. Bei der Verwendung sollte man wissen, dass ein Päckchen mit 5 g etwa 7 EL frischem Saft entspricht.
Zucker ist für die Haltbarkeit verantwortlich. Als kleine Faustregel gilt, je höher der Zuckeranteil umso länger ist die Haltbarkeit. Einmachzucker besteht aus Zucker ohne weitere Zusätze wie beispielsweise Pektin und eignet sich für alle Arten von Kompott, Sirup und Chutneys. Die grobkörnige Raffinade enthält besonders große Zuckerkristalle, die sich beim Einkochen langsam auflösen und die Schaumbildung verhindern. Als Alternative zum Einmachzucker lässt sich auch Haushaltszucker verwenden. Braunen Zucker oder Rohrzucker verwende ich gern, um eine leichte Karamellnote zu setzen oder um pikante Rezepte zuzubereiten.
Honig ist als Süßungsmittel nur bedingt geeignet. Er eignet sich aber als aromatische Zugabe. Je nachdem woher die Sorte stammt, ist beispielsweise Waldhonig eher herb im Geschmack und sollte dezent eingesetzt werden. Blütenhonig ist vergleichsweise zart und passt gut zu milderen Zubereitungen.

Fertigstellung Die Gläser sollten beim Einfüllen noch warm sein oder auf einem feuchten Tuch stehen, sonst besteht die Gefahr, dass sie zerspringen. Zum sauberen Einfüllen benutzen Sie am besten einen Edelstahltrichter und eine Schöpfkelle, so bleiben die Ränder sauber. Sollte doch einmal etwas daneben gehen, den Rand unbedingt mit einem sauberen, feuchten Tuch oder

Küchenpapier säubern. Die Gläser lassen sich sonst nicht dicht verschließen. Obst oder Gemüse sehr kompakt in die Gläser schichten, sonst schwimmt das Eingemachte obenauf. Da die eingekochten Mengen immer etwas variieren können, sterilisiere ich vorsichtshalber 1 bis 2 Gläser mehr.
Beim Befüllen der Gläser ist es wichtig, dass keine Luftlöcher entstehen, denn durch den eingedrungenen Sauerstoff können sich Keime ausbreiten. Gläser randvoll füllen und danach sofort verschließen. Wenn sich dennoch kleine Luftlöcher gebildet haben, das Glas vorsichtig auf ein Schwammtuch klopfen oder das Glas zwischen beiden Händen schnell hin und her drehen.
Nachdem die Gläser abgekühlt sind, die Einmachklammern entfernen und den Sitz der Deckel prüfen. Ist der Deckel lose, ist kein Vakuum im Glas entstanden und der Inhalt sollte rasch verbraucht werden.

Was bedeutet Einkochzeit? Die sauber befüllten und gut verschlossenen Gläser werden in eine Wanne oder Auflaufform gesetzt, die mit circa 2 cm heißem Wasser gefüllt wird. Diese Wanne oder Auflaufform wird in den vorgeheizten Ofen gestellt. Sobald in den Gläsern kleine Luftbläschen aufsteigen, spricht man von Einkochzeit. Die Einkochzeit unterscheidet sich je nachdem, ob es sich um Obst oder Gemüse handelt.

Haltbarkeit und Lagerung Die Haltbarkeit von Eingemachtem liegt bei etwa 6 bis 12 Monaten. Kuchen im Glas sollten nicht länger als 2 Monate aufbewahrt werden.
Grundsätzlich sollte man sich vor dem Einkochen Gedanken über die Mengen und den Verbrauch machen. Ein kleiner Haushalt wird in der Regel weniger benötigen als eine Großfamilie. Auch empfehle ich, lieber kleinere Gläser zu verwenden, damit man nicht mehrere angebrochene große Gläser im Kühlschrank hat.

Für eine längere Haltbarkeit ist eine kühle und dunkle Lagerung wichtig. Um die Übersicht zu behalten, ist es sinnvoll, die Gläser mit Etiketten zu versehen und darauf den Inhalt und das Abfülldatum zu vermerken. Neuere Gläser immer nach hinten stellen, um so erst die älteren Gläser zu verwenden.
Hat sich Schimmel im Glas gebildet oder wölbt sich der Deckel nach oben, dann ist dies ein Zeichen dafür, dass das Einmachgut verdorben ist. In solchen Fällen entsorgen Sie den Inhalt des Glases. Es heißt zwar, man solle die mit Schimmel befallenen Stellen entfernen und könne das Eingemachte dann noch essen, aber diese Empfehlung teile ich nicht, denn Schimmelsporen »werfen« Fäden, die mit bloßem Auge nicht zu erkennen sind. Das Gleiche gilt auch für Gläser, die sich beim ersten Öffnen ganz leicht aufschrauben lassen. Hier hat sich während des Abkühlens kein Vakuum gebildet und der Inhalt ist wahrscheinlich nicht mehr frisch. Wenn Gläser, Deckel oder Gummiringe beschädigt sind, sollte der Inhalt ebenfalls nicht mehr verzehrt werden.

Bezugsquellen www.bosfood.de / www.altesgewuerzamt.de / www.gläserundflaschen.de

Chutneys

Ananas-Chutney

Zutaten für 4–5 Gläser à 200 ml

1 Stängel Zitronengras
1 Limette
1 EL kandierter Ingwer
1 kleine Chilischote
150 g Gemüsezwiebeln
3 Knoblauchzehen
1,2 kg Ananas
2 EL Öl
3–4 TL Currypulver
2–3 Msp. gemahlener Kardamom
1 Prise Zimt
120 g Einmachzucker
120 ml weißer Balsamessig
100 ml Kokosmilch
Salz, Pfeffer

Von dem Zitronengras die äußeren Blätter entfernen und den Stängel in etwa 4 cm lange Stücke schneiden. Limettenschale ganz fein abreiben und den Saft auspressen. Ingwer und Chili klein hacken.
Zwiebel und Knoblauch schälen und in kleine Würfel schneiden. Ananas der Länge nach halbieren, dann vierteln, den harten Strunk und die Schale entfernen. Das Fruchtfleisch sehr klein schneiden.
Öl in einem Topf erhitzen. Zwiebel und Knoblauch mit Zitronengras und Limettenzeste glasig anbraten. Die Ananaswürfel dazugeben, mit Curry, Ingwer, Chili, Zimt, Kardamon, Limettensaft und Zucker bestreuen. Mit dem Essig ablöschen und Kokosmilch und 120 ml Wasser auffüllen.
Das Chutney etwa 40 Minuten dicklich einkochen. Vor dem Abfüllen das Zitronengras entfernen und mit Salz und Pfeffer abschmecken.

Apfel-Chutney

Zutaten für 5–6 Gläser à 225 ml

1 kg Äpfel (z.B. Boskop, Topaz)
220 g Schalotten
1 kleine Knoblauchzehe
4 Zweige Majoran
3 Zweige Thymian
1 Zweig Rosmarin
1 Lorbeerblatt
Küchengarn
2 EL Öl
Zitronenschale (Bio)
400 g Einmachzucker
100 ml Weißweinessig
80 ml Apfel-Balsamessig
40 g ungeschwefelte Rosinen
40 g Mandelblättchen

Zum Abschmecken:
Salz, weißer Pfeffer, Muskatnuss, getrockneter Majoran, getrockneter Thymian

Die Äpfel vierteln, schälen und die Kerngehäuse entfernen. 750 g Fruchtfleisch abwiegen und in nicht zu kleine Stücke schneiden. Die Schalotten und den Knoblauch schälen und in kleine Würfel schneiden. Die Kräuter waschen, trocken schütteln und mit Küchengarn zu einem Sträußchen zusammenbinden.
Das Öl in einem großen Topf erhitzen und die Schalotten mit dem Knoblauch darin glasig dünsten.
Die Apfelstücke, das Kräutersträußchen, die Zitronenschale und den Einmachzucker dazugeben und weitergaren, bis der Zucker geschmolzen ist.
Beide Essigsorten zur Fruchtmischung geben und bei mittlerer Hitze einkochen lassen. Gelegentlich umrühren. Nach etwa 5 Minuten die Rosinen und die Mandelblättchen dazugeben und das Chutney weitere 15 Minuten garen.
Das Kräutersträußchen und die Zitronenschale entfernen, das Chutney mit Salz, weißem Pfeffer und Muskat würzen und gegebenenfalls noch mit den Gewürzen abschmecken. In vorbereitete Gläser füllen und gut verschließen.

Aprikosen-Chutney

Zutaten für 6–7 Gläser à 220 ml

250 ml weißer Balsamessig
etwas Orangenschale
1 walnussgroßes Stück Ingwer
1 Zimtstange
900 g Aprikosen
100 g getrocknete Softaprikosen
80 g Schalotten
1 EL neutrales Pflanzenöl
¾ EL mildes Currypulver
60 g Einmachzucker
Saft einer halben Orange
1 EL Korianderblätter
1 Prise Cayennepfeffer
Salz
Einmalteefilter, Küchengarn
50–100 ml Wasser

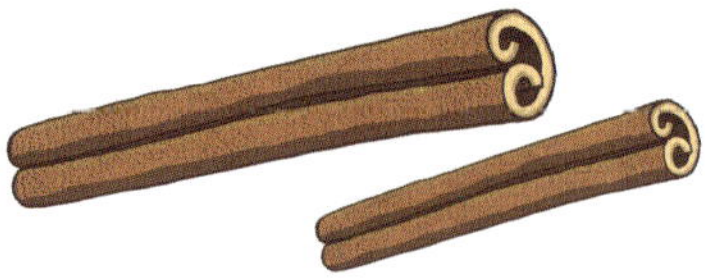

Den Essig in einem kleinen Topf bei mittlerer Hitze auf 100 ml reduzieren.
Von der Orange mit einem Sparschäler ein fingerdickes Stück Schale abziehen.
Den Einmalteefilter mit dem geschälten Stück Ingwer, der Zimtstange und der Orangenschale befüllen. Mit Küchengarn verschließen.
Die Aprikosen waschen, halbieren und den Stein entfernen. 500 g Fruchtfleisch abwiegen und in kleine Würfel schneiden. Die getrockneten Aprikosen ebenfalls klein schneiden.
Die Schalotten schälen und in feine Würfel schneiden. In einem Topf das Öl erhitzen und die Schalottenwürfel darin glasig andünsten. Das Currypulver darüber streuen und kurz mitgaren.
Nun die Aprikosenstücke, das Gewürzsäckchen sowie den Einmachzucker in den Topf geben. Den Zucker flüssig werden lassen. Mit dem reduzierten Essig und dem Orangensaft aufgießen.
Die Fruchtmasse auf mittlerer Flamme etwa 25 bis 30 Minuten dicklich einkochen. Nach 15 Minuten mit Salz und Cayennepfeffer würzen. Falls die Masse zu dick wird, gegebenenfalls etwas Wasser angießen.
Die Korianderblätter fein hacken. Das Gewürzsäckchen aus dem Topf nehmen und die gehackten Korianderblätter unterrühren. Das fertige Chutney sollte eine dicklich-musige Konsistenz haben und noch heiß in die bereits sterilisierten Gläser abgefüllt werden.

MEIN TIPP

Das Chutney schmeckt auch sehr gut, wenn man die Aprikosen mit Mangostücken mischt.

Birnen-Chutney

Zutaten für 4–5 Gläser à 200 ml

4 Zweige Thymian
2 Zweige Rosmarin
1 Lorbeerblatt
220 g Schalotten
1,6 kg Birnen (z.B. Gute Luise, Abate)
1 Zitrone
2–3 EL Öl
100 ml Riesling (lieblich)
100 ml Weißweinessig
200 ml Birnensaft (z.B. van Nahmen)
200 g brauner Zucker
4 Wacholderbeeren
1–2 EL Rosinen
Salz, weißer Pfeffer, Muskat
Küchengarn

Thymian- und Rosmarinzweige mit dem Lorbeerblatt zu einem Kräutersträußchen zusammenbinden.
Die Schalotten schälen und in feine Würfel schneiden.
Die Birnen vierteln, schälen und die Kerngehäuse entfernen. 1,2 kg Fruchtfleisch abwiegen und in kleine Würfel schneiden.
Mit dem Sparschäler ein Stück Zitronenschale abziehen. Zitrone halbieren und die Birnenwürfel mit Zitronensaft beträufeln.
Das Öl in einem Topf erhitzen. Die Schalottenwürfel darin glasig dünsten, die vorbereiteten Birnen dazugeben und kurz anbraten.
Mit dem Riesling ablöschen. Dann mit Weißweinessig und Birnensaft aufgießen. Den braunen Zucker unterrühren, Zitronenschale, Kräutersträußchen, Wacholderbeeren und Rosinen in den Topf geben.
Das Chutney bei kleiner Hitze ca. 20 Minuten dicklich einkochen lassen, mit Salz, weißem Pfeffer und Muskat abschmecken.
Zitronenschale, Wacholder und Kräuter vor dem Abfüllen entfernen. In die vorbereiteten Gläser füllen und gut verschließen.

Cumberland-Chutney

Zutaten für 5–6 Gläser à 220 ml

Schale von 1 Orange
1 TL Orangeat
2 cm dicke Ingwerscheibe
5 Nelken
1 TL Korianderkörner
3 Wacholderbeeren
1 Zimtstange
1 Lorbeerblatt
750 g rote Johannisbeeren
120 g schwarze Johannisbeeren
120 g rote Zwiebeln
2 EL Öl
250 g brauner Zucker
50 ml Portwein
120 ml Rotwein
50 ml Rotweinessig
50 ml Orangensaft
1 TL Dijonsenf
1 TL rosa Pfefferbeeren
½–1 TL getrockneter Thymian
½–1 TL getrockneter Rosmarin
½ TL getrockneter Majoran
Salz, weißer Pfeffer, Muskat
Einmalteefilter, Küchengarn

Mit dem Sparschäler ein Stück Orangenschale abziehen. Orangeat und Ingwer sehr fein hacken.
Den Einmalteefilter mit Nelken, Korianderkörnern und Wacholderbeeren sowie der Zimtstange und dem Lorbeerblatt befüllen und verschließen.
Die Johannisbeeren mit kaltem Wasser abbrausen und abtropfen lassen. Mit einer Gabel die Beeren von den Rispen streifen. Rote Zwiebeln fein schneiden.
Öl in einem Topf erhitzen und die Zwiebeln darin glasig andünsten.
Dann die Beeren mit dem Zucker dazugeben. Nach 2 bis 3 Minuten mit Portwein ablöschen und mit Rotwein, Essig und Orangensaft auffüllen. Senf, rosa Pfefferbeeren und das Gewürzsäckchen dazugeben.
Die Masse mit Thymian, Rosmarin, Majoran, Salz, weißem Pfeffer und Muskat würzen und etwa 25 Minuten dicklich einkochen lassen. Kräutersäckchen, Orangenschale und Lorbeerblatt entfernen. Das Cumberland-Chutney noch heiß in die vorbereiteten Gläser füllen und verschließen.

Karotten-Chutney

Zutaten für 4–5 Gläser à 200 ml

40 g Zwiebeln
1 Knoblauchzehe
1 cm dicke Ingwerscheibe
700 g Karotten
1 Orange
2 EL Pflanzenöl
15–25 g Currypulver
60 g Einmachzucker
15 g frische Korianderblättchen
80 ml Balsamessig
350 ml Wasser
1 Prise Cayennepfeffer
30 g Kokosflocken
Salz, Öl

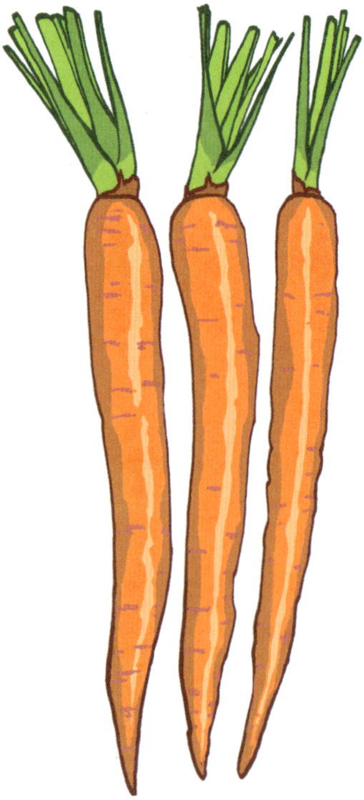

Zwiebeln, Knoblauch und Ingwer schälen und in feine Würfel schneiden.
Karotten putzen und sehr klein würfeln. Orange schälen, die weiße Haut entfernen, 2 Filets der Orange aus den Trennhäuten lösen und in kleine Stücke schneiden.
Zwiebel- und Knoblauchwürfel in einem Topf mit Öl glasig andünsten. Das Currypulver darüber streuen und kurz mit anrösten. Karottenwürfel, Orangenstücke und Zucker dazugeben.
Korianderblättchen von den Stielen zupfen und in feine Streifen schneiden.
Nach ca. 2 Minuten mit dem Balsamessig ablöschen. Mit etwas Wasser auffüllen und bei mittlerer Hitze langsam einkochen. Die Kochzeit beträgt 30 bis 40 Minuten. Nach 20 Minuten Cayennepfeffer, Koriander, Kokosflocken und Salz dazugeben.
Das Chutney in die bereits sterilisierten Gläser abfüllen und gut verschließen.

MEIN TIPP

Ich verwende für dieses Rezept immer kleine Karotten. Sie sind saftiger und im Geschmack intensiver. Anstelle von frischem Ingwer kann man auch kandierten Ingwer verwenden.

Kirsch-Chutney

Zutaten für 7–8 Gläser à 220 ml

2 kg Kirschen
1 walnussgroßes Stück Ingwer
3 Wacholderbeeren
1 Pimentkorn
1–2 Lorbeerblätter
1–2 Zweige Thymian
1 EL neutrales Pflanzenöl
150 g Schalotten
80 ml Rotweinessig
100 g brauner Zucker
200 ml Banyuls (französischer Süßwein)
Salz, weißer Pfeffer
Etwas getrockneter Thymian
Einmalteefilter, Küchengarn

Die Kirschen in einen Durchschlag geben und abbrausen. Danach halbieren und entsteinen. Von den Kirschhälften 1,5 kg abwiegen.
Den Einmalteefilter mit dem geschälten Ingwer, den Wacholderbeeren, dem Pimentkorn und den Lorbeerblättern füllen. Mit Küchengarn zubinden und mit einem Nudelholz die Gewürze kurz andrücken.
Die Schalotten schälen, 120 g abwiegen und in feine Würfel schneiden. Das Öl in einem Topf erhitzen und die Schalottenwürfel darin glasig andünsten.
Mit dem Rotweinessig ablöschen. Dann die Kirschen, den braunen Zucker, Banyuls und das Gewürzsäckchen dazugeben.
Die Fruchtmasse 40 bis 45 Minuten bei mittlerer Hitze dicklich einkochen. Vor dem Abfüllen das Gewürzsäckchen entfernen und das Chutney mit Salz, Pfeffer und eventuell getrocknetem Thymian abschmecken.

MEIN TIPP

Mir schmeckt das Chutney am besten aus dicken dunklen Kirschen zu gratiniertem Ziegenkäse und frischem Baguette. Bei einer Ruhezeit von ein bis zwei Tagen kann sich der Geschmack besonders gut entfalten.

Kürbis-Chutney

Zutaten für 10–12 Gläser à 250 ml

1 kg Hokkaidokürbis
800 g Orangen
25 g getrocknete Aprikosen

Für die Marinade:
1 kleine frische Chilischote
20 g eingelegter Ingwer
200 g brauner Zucker
300 ml Apfelessig
1 TL Salz
1 EL Honig
1 Msp. gemahlene Nelken

25 g Zwiebeln
1–2 EL Öl
350 g brauner Zucker
350 ml weißer Balsamessig
100 g Rosinen
1 TL Currypulver

Den Kürbis waschen, halbieren und vierteln. Dann die Kerne und Fasern entfernen und das Fruchtfleisch klein würfeln oder raspeln. Die Orangen schälen, die weiße Haut entfernen, die Filets herauslösen und klein schneiden. Aprikosen, Chili und Ingwer ebenfalls klein würfeln. Kürbis-, Orangen- und Aprikosenstücke in eine Schüssel geben.
In einem Topf den Zucker mit Essig, Salz, Honig, Nelke, Ingwer und Chili aufkochen. Die Kürbismischung mit der Marinade übergießen und abgedeckt im Kühlschrank über Nacht marinieren lassen.
Zwiebeln schälen und klein schneiden. In einem Topf das Öl erhitzen und die Zwiebeln darin glasig anschwitzen. Den Zucker dazugeben und flüssig werden lassen. Mit dem Balsamessig ablöschen. Die marinierte Kürbismischung mit den Rosinen und dem Currypulver mischen und etwa 40 Minuten einkochen. Bei Bedarf etwas Wasser hinzufügen und zwischendurch umrühren. Das Chutney abschmecken und noch heiß in die vorbereiteten Gläser abfüllen.

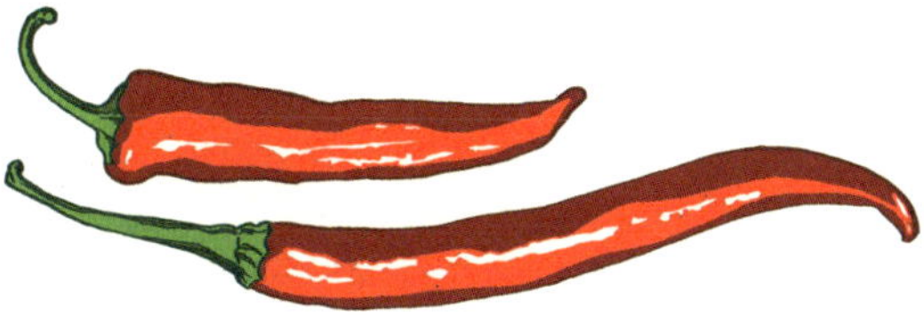

MEIN TIPP

Die Schale des Hokkaidokürbis ist essbar, weshalb ich den Kürbis mitsamt seiner leuchtend orangeroten Schale verarbeite.

Rote-Bete-Chutney

Zutaten für 5–6 Gläser à 200 ml

1 Sternanis
1 Zimtstange
500 g Rote Bete
1 Knoblauchzehe
½ Ananas
180 g rote Zwiebeln
1 walnussgroßes Stück Ingwer
1 EL Öl
180 g brauner Zucker
¼ TL mildes Currypulver
1 Msp. Cayennepfeffer
1 Prise Kardamom
180 ml milder Rotweinessig
100 ml Rote-Bete-Saft oder Wasser
Salz, Pfeffer
Einmalteefilter und Küchengarn

Sternanis und Zimtstange in den Einmalteefilter füllen und zubinden. Die bereits gegarte Rote Bete in kleine Würfel schneiden. Die Ananashälfte nochmals längs halbieren, den harten Strunk entfernen und die Schale abschneiden. 200 g Fruchtfleisch abwiegen und in kleine Würfel schneiden.

Zwiebeln, Knoblauch und Ingwer schälen und in feine Würfel schneiden. Die Zwiebel-, Knoblauch- und Ingwerwürfel mit Öl in einem Topf glasig anbraten. Dann den Zucker dazugeben und unter Rühren bei mittlerer Hitze flüssig werden lassen.

Rote-Bete- und Ananaswürfel hinzufügen, mit Currypulver, Kardamom und Cayennepfeffer bestreuen und zum Kochen bringen. Mit dem Essig ablöschen, dem Rote-Bete-Saft auffüllen und 20 Minuten einkochen lassen.

Das Gewürzsäckchen entfernen, das Chutney mit Salz und Pfeffer abschmecken und noch heiß in die vorbereiteten Gläser füllen und verschließen.

MEIN TIPP

Frische Rote Bete mit Schale in Salzwasser garen. Wenn sie abgekühlt ist, mit Handschuhen schälen. Man kann aber genauso gut gekochte und geschälte Rote Bete aus dem Kühlregal nehmen.

Tomaten-Chutney

Zutaten für 6–7 Gläser à 200 ml

1 kg Flaschentomaten
150 g Zwiebeln
1 Knoblauchzehe
100 g getrocknete Tomaten
1 TL Kräuter der Provence
1½ TL getrocknetes Basilikum
1 TL eingelegter Pfeffer
2 EL Öl
180 g Einmachzucker
150 ml Rotweinbalsamessig
20 ml Balsamico-Creme
1–2 EL Räuchersalz
Prise Cayennepfeffer
½ TL Paprikapulver (edelsüß)
Tomatensaft oder Wasser

Tomaten waschen, den Strunk entfernen und in kleine Würfel schneiden. Zwiebeln und Knoblauch schälen und würfeln. Die getrockneten Tomaten aus dem Öl nehmen, abtropfen lassen und in kleine Stücke schneiden. Tomaten mit den getrockneten Tomaten mischen, in eine Schüssel geben und mit den Gewürzen und dem eingelegten Pfeffer bestreuen und kurz ziehen lassen.
Öl in einem Topf erhitzen und die Zwiebeln mit dem Knoblauch glasig andünsten. Den Einmachzucker dazugeben und schmelzen lassen. Dann mit den beiden Essigsorten ablöschen und die Tomatenmischung, Räuchersalz, Cayennepfeffer und Paprikapulver zufügen. Bei mittlerer Hitze 30 Minuten dicklich einkochen lassen, gegebenenfalls etwas Tomatensaft oder Wasser hinzufügen.
Das Chutney noch heiß in die vorbereiteten Gläser füllen und gut verschließen.

MEIN TIPP

Anstelle der frischen Flaschentomaten können auch Dosentomaten verwendet werden.

Zucchini-Chutney

Zutaten für 4–5 Gläser à 200 ml

600 g kleine Zucchini
220g Gemüsezwiebeln
1 Knoblauchzehe
20 g Pistazienkerne (ungeröstet)
1–2 EL Olivenöl
100 g Einmachzucker
¼ TL Cayennepfeffer
½ TL Paprikapulver (edelsüß)
¼ TL Kreuzkümmel
125 ml Weißweinessig
weißer Pfeffer
40 g ungeschwefelte Rosinen
½ Bund glatte Petersilie
2 Stiele frischer Koriander
Salz

Die Zucchini waschen, putzen und in kleine Würfel schneiden. Gemüsezwiebeln und Knoblauch schälen und beides fein würfeln. Die Pistazienkerne grob hacken und in einer beschichteten Pfanne (ohne Fett) anrösten. Das Olivenöl in einem Topf erhitzen und die Zwiebel- und Knoblauchwürfel darin glasig dünsten. Die Zucchini hinzufügen und goldgelb braten.
Den Einmachzucker und die Gewürze dazugeben und unter Rühren 3 bis 4 Minuten braten. Mit dem Essig ablöschen, weitere 3 Minuten garen, dann die Rosinen und die Pistazien unterrühren. Das Chutney bei kleiner Hitze 15 bis 20 Minuten einkochen lassen.
Petersilie waschen und trocken schütteln, 15 bis 20 Blätter von den Stielen zupfen und in feine Streifen schneiden. Koriander ebenfalls waschen, 10 Blättchen von den Stielen zupfen und klein hacken. Petersilie und Koriander unter das Zucchini-Chutney mischen und weitere 5 Minuten garen. Das Chutney mit Salz abschmecken, in die vorbereiteten Gläser füllen und noch heiß verschließen.

Zwetschgen-Chutney

Zutaten für 5–6 Gläser à 200 ml

1 Lorbeerblatt
2 Pimentkörner
1 Sternanis
3 Wacholderbeeren
3 Nelken
2 ZweigeThymian
1 Zweig Rosmarin
150 ml Rotwein
1,3 kg Zwetschgen
100 g Softpflaumen
150 g rote Zwiebeln
1 Stück Zitronenzeste
2 EL ÖL
180 g brauner Zucker
50 ml Rotweinessig
Salz, weißer Pfeffer, Muskat, Majoran
Einmalteefilter und Küchengarn

Lorbeerblatt, Pimentkörner, Sternanis, Wacholderbeeren und Nelken in den Einmalteefilter füllen und verschnüren. Thymian- und Rosmarinzweig zusammenbinden.
Den Rotwein bei mittlerer Hitze auf 70 ml reduzieren und beiseitestellen.
Die Zwetschgen waschen, halbieren, entsteinen, vierteln und klein schneiden. Die Softpflaumen ebenso in kleine Stücke schneiden. Zwiebeln schälen, fein schneiden.
Zitronenschale mit einem Sparschäler abziehen.
Die Zwiebeln in einem Topf mit Öl glasig anbraten, mit dem Zucker bestreuen und unter Rühren flüssig werden lassen. Jetzt die Pflaumen, das Gewürzsäckchen, die Zitronenschale und das Thymian-Rosmarin-Sträußchen in den Topf geben. Mit Essig ablöschen, danach mit dem reduzierten Rotwein aufgießen.
Die Masse langsam einkochen lassen. Zwischendurch umrühren. Nach etwa 25 Minuten das Gewürzsäckchen, das Thymian-Rosmarin-Sträußchen sowie die Zitronenschale entfernen.
Das nun dicklich eingekochte Chutney mit Salz, weißem Pfeffer, Muskat und Majoran pikant abschmecken. Heiß in die vorbereiteten Gläser abfüllen und verschließen.

MEIN TIPP

Sollte die Fruchtmasse während des Einkochens zu dick werden, gebe ich etwas Zwetschgensaft oder Wasser dazu.

Eingelegtes

Apfelspalten in Gewürztraminer

Zutaten für ein Einmachglas à 1 l

½ Vanilleschote
Saft einer Zitrone, Zitonenschale
1 kg Äpfel (z.B. Glockenäpfel oder Topaz)
100 g Einmachzucker
150 ml Wasser
300 ml Gewürztraminer
1 Zimtstange
30 g brauner Krümelkandis

Vanilleschote halbieren, der Länge nach aufschneiden und das Mark herauskratzen. Mit einem Sparschäler 3 Zesten Zitronenschale abziehen, die Zitrone halbieren und den Saft auspressen. Äpfel schälen, entkernen und in nicht zu dünne Spalten schneiden. Die Apfelspalten in heißem Wasser kurz blanchieren.
In einem Topf Zitronensaft, Zucker, Vanillemark und 150 ml Wasser aufkochen. Wenn der Zucker sich gelöst hat, den Wein dazugeben.
Die Apfelspalten mit Vanilleschote, Zimtstange, Zitronenschalen und Kandiszucker in das vorbereitete Einmachglas schichten und mit dem Gewürztraminersud auffüllen. Die Apfelstücke vollständig mit Flüssigkeit bedecken. Das Glas verschließen und im Kühlschrank etwa 3 Wochen ziehen lassen.

MEIN TIPP

Damit die Apfelstücke vollständig mit Flüssigkeit bedeckt sind, die Obstspalten mit einem kleinen Deckel oder Teller beschweren.

Fenchel in Weißweinessig

Zutaten für 2 Gläser à 750 ml

1 walnussgroßes Stück frischer Ingwer
1 Orange
1,2 kg Fenchel
1 EL Salz
150 g Einmachzucker
350 ml Weißweinessig
½ TL Koriandersamen
½ TL Fenchelsaat
2 Lorbeerblätter
1 kleine Chilischote
1 Sternanis
12 weiße Pfefferkörner

Ingwer schälen und in Scheiben schneiden. Von einem Viertel der Orange die Schalen dünn abziehen. Fenchelknollen putzen, harte Stängel und strohige Außenblätter entfernen und 800 g abwiegen. Die Gemüsestücke halbieren, vierteln und achteln. In einem großen Topf Wasser mit Salz zum Kochen bringen. Fenchelstücke in 8 bis 10 Minuten bissfest kochen. Gemüse durch ein Sieb abgießen, dabei 500 ml des Fenchelwassers auffangen. Fenchel in die Gläser schichten.
Kochwasser zurück in den Topf geben und mit Zucker, Essig, Koriander, Fenchelsaat, Lorbeerblättern, Chilischote, Sternanis, Pfefferkörnern, Ingwer und Orangenschalen aufkochen. Gewürzsud 30 Minuten ziehen lassen, dann die Gewürze durch ein Sieb abgießen und den Sud nochmals aufkochen. Die Gläser mit den Fenchelstücken mit dem heißen Sud auffüllen.
Die Gläser verschließen und an einem kühlen Ort vier Tage ziehen lassen.

Karotten in Curry

Zutaten für 2 Gläser à 500 ml

1 Orange
1 Stück Ingwer
½ Stängel Zitronengras
1 kg Karotten
½ TL mildes Currypulver
40 g Einmachzucker
1 Kaffirlimettenblatt
½ TL Koriandersamen
2 Lorbeerblätter
Pfeffer, Salz

Mit dem Sparschäler ein Stück Orangenschale abziehen. Von der Ingwerknolle eine etwa 5 mm dicke Scheibe abschneiden. Zitronengras halbieren. Karotten putzen und in 5 mm dicke Stifte von 6 cm Länge schneiden.
Einen Topf mit reichlich Salzwasser zum Kochen bringen. Die Karottenstücke 3 bis 5 Minuten darin kochen, dann durch ein Sieb abgießen, dabei 500 ml Kochwasser auffangen und zurück in den Topf gießen.
Das Wasser mit Currypulver, Einmachzucker, Kaffirlimettenblatt, Koriandersamen, Lorbeerblättern, Ingwer, Zitronengras, Pfeffer und Salz würzen und aufkochen.
Die Karottenstifte eng in die vorbereiteten Gläser schichten.
Den Sud 10 Minuten ziehen lassen, dann die Gewürze durch ein Sieb abgießen und den Sud nochmals aufkochen.
Gläser mit dem Gewürzwasser auffüllen und verschließen. Bis zur Verwendung kühl und dunkel lagern.
Für längere Haltbarkeit den Backofen auf 175° vorheizen. In eine ofenfeste Form etwa 2 cm hoch heißes Wasser füllen. Die Gläser in die Form stellen, und sobald sich Bläschen in den Gläsern bilden, die Temperatur auf 150° reduzieren und die Karotten 90 Minuten einkochen. Gläser bis zum vollkommenen Erkalten im geschlossenen Ofen stehen lassen.

MEIN TIPP

Aus dem Mix lässt sich ein köstliches Karottengemüse in Butter zubereiten. Oder ein Karottensalat mit Koriander, Kokosraspeln, Chili und Weißwein-Balsamessig.

Kürbis à la Fernost

Zutaten für 2 Gläser à 400 ml

1 kg Hokkaidokürbis
1 Stängel Zitronengras
1 walnussgroßes Stück Ingwer
300 ml Wasser
200 ml Weißweinessig
250 g Rohrzucker
2 Lorbeerblätter
½ TL Koriandersamen
1 TL Salz
2 Kaffirlimettenblätter
150 ml Mangobalsam

Den Kürbis waschen, halbieren, vierteln, Kerne und Fäden entfernen. Die Kürbisviertel in gleichmäßige Würfel von 2 cm schneiden. Zitronengras von den äußeren Stielen befreien, der Länge nach halbieren und eventuell vierteln. Ingwer schälen und in Scheiben schneiden.
Für den Sud in einem Topf Wasser mit Weißweinessig, Zucker, Lorbeerblättern, Koriandersamen, Zitronengras, Ingwerscheiben, Salz und Kaffirlimettenblättern aufkochen.
Die Kürbiswürfel in den Sud geben und die Zubereitung auf kleiner Flamme 5 bis 10 Minuten ziehen lassen. Der Kürbis sollte noch leichten Biss haben. Den Mangobalsam einrühren. Nun den Topf abdecken und über Nacht kühl stellen.
Den Ofen auf 175° vorheizen. Die Kürbisstückchen in die bereits sterilisierten Gläser füllen und mit dem Gewürzsud auffüllen. Mit dem Deckel verschließen. In eine Auflaufform 2 cm hoch heißes Wasser füllen, die Gläser hineinstellen und in den Ofen schieben.
Sobald in den Gläsern das Aufsteigen von Luftbläschen zu sehen ist, die Temperatur auf 150° reduzieren. Nach 60 Minuten den Ofen ausstellen und die Gläser für weitere 30 Minuten ruhen lassen. Danach die Gläser herausnehmen und abkühlen lassen.

Mairübchen mit Meerrettich

Zutaten für 2 Gläser à 850 ml

1,2 kg mittelgroße Mairübchen
1 EL Salz
30 g frischer Meerrettich
2 Knoblauchzehen
200 ml Weißweinessig
450 ml Wasser
200 g Puderzucker
11 Nelken
12 weiße Pfefferkörner
2 EL Flor de Sel

Mairübchen abbürsten und waschen. In einem Topf Wasser mit Salz zum Kochen bringen und die Rübchen darin weich garen, je nach Größe dauert das etwa 30 Minuten. Die lauwarmen Gemüse schälen, halbieren und in 5 mm dicke Scheiben schneiden. Meerrettich und Knoblauch schälen und in dünne Scheiben schneiden.
In einem Topf Essig mit Wasser, Puderzucker, Nelken, weißen Pfefferkörnern, Flor de Sel, Meerrettich- und Knoblauchscheiben aufkochen.
Mairübchen, Meerrettich und Knoblauch in die Gläser schichten. Die Gläser mit dem Sud auffüllen und gleich verschließen. 3 bis 4 Tage an einem kühlen Ort ziehen lassen.

MEIN TIPP

Mairübchen sind eine rettigartige Speiserübe. Manchmal findet man sie auch unter dem Namen Navette.

Eingemachte Preiselbeeren

Zutaten für 4–5 Gläser à 220 ml

1 Stück frischer Ingwer
1 Zitrone
1 Stück Zimtrinde
500 g Preiselbeeren
250 ml Apfelsaft (z.B. van Nahmen)
380 g Gelierzucker (3 : 1)

Den Ingwer in 1 cm dicke Scheiben schneiden. Mit dem Sparschäler ein Stück Zitronenschale abziehen. Die Zitrone halbieren und von einer Hälfte den Saft auspressen. Den Ingwer zusammen mit Zimt und Zitronenschale in einen Einmalteefilter füllen und verschließen.
Die Preiselbeeren verlesen und in ein Sieb geben, kurz abbrausen und abtropfen lassen. Zusammen mit Apfel- und Zitronensaft in einen Topf geben und das Gewürzsäckchen dazulegen. Die Mischung zum Kochen bringen und 5 Minuten kochen lassen. Das Gewürzsäckchen entfernen und die Preiselbeermischung heiß in die vorbereiteten Gläser füllen.

Eingelegte Quitten

Zutaten für 4 Gläser à 300 ml

1,2 kg Quitten
Saft einer Zitrone
½ Vanilleschote
550 ml Wasser
100 ml Birnensaft
250 g Zucker
200 g brauner Zucker
2 Zitronenscheiben
2 Zweige Thymian
2 Pimentkörner
1 Lorbeerblatt

Die Quitten waschen, schälen, halbieren und das Kerngehäuse entfernen. Dann in Scheiben schneiden und würfeln. Die Fruchtstücke in einer Schüssel mit dem Zitronensaft beträufeln und vermischen. Vanilleschote halbieren, der Länge nach aufschneiden, Mark herauskratzen.
In einem Topf Wasser, Birnensaft, Zucker, braunen Zucker und Zitronenscheiben, Thymianzweige, Pimentkörner, Lorbeerblatt, Vanillemark und -schote mischen und aufkochen. Die Quittenwürfel in den Sud geben und das Ganze 8 Minuten kochen.
Die Quittenwürfel samt den Gewürzen mit einer Schaumkelle aus dem Sud nehmen und in die vorbereiteten Gläser verteilen. Den Gewürzsud nochmals 5 Minuten einkochen und heiß in die Gläser einfüllen, bis die Quitten bedeckt sind. Gläser gut verschließen.

MEIN TIPP

Quitten sind von einem leichten Flaum umhüllt. Wenn die Früchte mit der Schale verarbeitet werden sollen, muss der Flaum vorher abgerieben werden. Sein Geschmack ist bitter.

Rote Bete in Himbeer-Balsamessig

Zutaten für 2 Gläser à 1 l

1,5 kg Rote Bete
2 EL Salz
Zitronenschale
200 ml Rotweinessig
200 ml Himbeer-Balsamessig
200 g Einmachzucker
1 Zimtstange
3 Pimentkörner
1 EL rosa Pfefferkörner
½ TL Melange Noir (Pfeffermischung von Ingo Holland)

Rote Bete abbürsten und waschen.
In einem Topf Wasser und 1 EL Salz zum Kochen bringen und die Rote-Bete-Knollen darin garen. Die abgekühlten Knollen schälen (Einmalhandschuhe) und in 0,5 cm dicke Scheiben schneiden. Ein Stück Zitronenschale mit dem Sparschäler abziehen.
Aus 300 ml Wasser, dem restlichen Salz, Rotweinessig, Himbeer-Balsamessig, Zucker, Zitronenschale, Zimt, Pimentkörnern, rosa Pfefferkörnern und Melange Noir einen Gewürzsud herstellen. Den Sud auf mittlerer Flamme köcheln, bis sich der Zucker gelöst hat, dann die Mischung durch ein Sieb abgießen.
Rote-Bete-Scheiben in die Gläser schichten und mit dem Sud auffüllen. Gläser abdecken und über Nacht ziehen lassen. Am nächsten Tag den Gewürzsud aus den Gläsern abgießen und nochmals aufkochen. Dann die Gläser erneut mit dem Sud auffüllen, verschließen und 8 Tage ziehen lassen.

MEIN TIPP

Wenn es schnell gehen soll, kann man vorgegarte Rote Bete nehmen. Und wer es lieber klein mag, kann mit einem Melonenausstecher Kugeln ausstechen.

Schalotten in Rotwein

Zutaten für 1 Glas à 1,5 l

1 kg kleine Schalotten
1 Orange
2 EL Pflanzenöl
6 Zweige Thymian
3 Zweige Rosmarin
2 Lorbeerblätter
100 g brauner Zucker
450 ml Rotwein (französischer Landwein)
100 ml Balsamessig
2 EL Honig
Salz, Pfeffer

Den Ofen auf 180° vorheizen.
Die Schalotten schälen und gegebenenfalls halbieren. Mit einem Sparschäler 2 bis 3 Streifen der Orangenschale abziehen. Orange halbieren und den Saft auspressen.
Pflanzenöl in einer ofenfesten Form erhitzen. Die Schalotten mit Thymian, Rosmarin, Lorbeerblättern und Orangenschale rundum goldbraun anbraten. Den Zucker dazugeben und schmelzen lassen. Schalotten mit Rotwein ablöschen, dann Balsamessig, Honig und Orangensaft dazugeben. Die Form nun mit Alufolie abdecken und 30 bis 40 Minuten im Ofen garen. Die Schalotten in das schon vorbereitete Glas einfüllen. Den Sud mit Salz und Pfeffer würzen, über die Schalotten gießen und das Glas gut verschließen. Etwa 1 bis 2 Wochen an einem kühlen Ort ziehen lassen.

Zarte Stangenbohnen

Zutaten für 3 Gläser à 500 ml

700 g junge Stangenbohnen
40 g Salz
200 g rote Zwiebeln
1 kleiner Bund Dill
15 weiße Pfefferkörner
2–3 Zweige Bohnenkraut

Die Stangenbohnen waschen, putzen und an beiden Enden entfädeln.
In einem großen Topf 1,5 l Wasser und 1 EL Salz zum Kochen bringen. Bohnen im kochenden Wasser bissfest garen. Zwiebeln schälen, in dünne Ringe schneiden und in einem kleinen Topf in kochendem Wasser kurz blanchieren.
Bohnen, Zwiebelscheiben, Dill, Pfefferkörner und Bohnenkraut in die bereits vorbereiteten Gläser schichten. Weitere 1,5 l Wasser mit dem übrigen Salz zum Kochen bringen, Gläser mit dem Salzwasser befüllen, bis Bohnen und Gewürze vollständig bedeckt sind. Eingemachte Bohnen verschließen und 8 Tage an einem kühlen und dunklen Ort ziehen lassen.

Marinierte Softzwetschgen

Zutaten für 2 Gläser à 600 ml

½ Vanilleschote
je 2 Streifen Orangen- und Zitronenzeste
400 ml schwarzer Johannisbeersaft
100 ml Orangensaft
100 ml Crème de Cassis
50 g Zucker
1 EL Glühweingewürz
2 EL Zucker
10 Softzwetschgen

Vanilleschote halbieren und der Länge nach aufschlitzen. Mit einem Messer das Mark herauskratzen. Mit einem Sparschäler jeweils 2 Streifen von der Zitronen- und Orangenschale abziehen. Johannisbeer- und Orangensaft mit Crème de Cassis, Zucker, Glühweingewürz, Zitronen- und Orangenzesten, Vanilleschote und -mark in einen Topf geben. Etwa 8 Minuten köcheln und weitere 10 Minuten ziehen lassen. Dann den Saft durch ein Sieb gießen und nochmals aufkochen.
Die Zwetschgen in ein Glas schichten und mit dem heißen Sud begießen. Nach dem Abkühlen in den Kühlschrank stellen und 2 bis 3 Tage marinieren.

Pomeranzenzesten in Sirup

Zutaten für 1 Glas à 500 ml

7 Pomeranzen (Pomeranzen sind eine Art Bitterorangen, es gibt sie im Januar und Februar)
6 Orangen
220 g Rohrzucker
½ Vanilleschote

Die Schale der Pomeranzen dünn mit einem Sparschäler abziehen und in einem Topf mit kochendem Wasser blanchieren. Diesen Vorgang nochmals wiederholen.
Die geschälten Pomeranzen auspressen und 200 ml Saft abmessen. Die Orangen ebenfalls auspressen und 400 ml Saft abmessen. Beide Zitrussäfte mit dem Zucker in einem Topf vermischen. Die Vanilleschote halbieren, der Länge nach aufschlitzen und das Mark herauskratzen.
Die Saftmischung zusammen mit der Vanilleschote und dem Mark sowie den Zesten in einem Topf aufkochen. Im offenen Topf 30 Minuten köcheln lassen. Die Zesten in das bereits sterilisierte Glas füllen und mit dem Sirup auffüllen.

MEIN TIPP

Die Zesten können zur Verfeinerung von Desserts und zum Backen verwendet werden. Der übriggebliebene Sirup schmeckt auch in Tee oder zu Eis.

Essig, Öl, Salz und Zucker

Rotweinessig mit Feige

Zutaten für 2 Flaschen à 250 ml

1 frische Feige
1 getrocknete Softfeige
½ Vanilleschote
500 ml Rotweinessig
1 ½ EL Rosenwasser
1 kleines Stück Orangenschale
1 TL Honig

Feigen in kleine Stücke schneiden. Vanilleschote halbieren, der Länge nach aufschlitzen und das Mark herauskratzen.
Rotweinessig in einen Topf füllen, Feigenwürfel, Rosenwasser, die Orangenschale und Honig dazugeben. Den so gewürzten Essig erwärmen, um den Honig darin aufzulösen.
Die Essigmischung in ein bereits sterilisiertes Einmachglas füllen und mit einem Stück Mull abdecken. Die Zubereitung an einem kühlen Ort ziehen lassen. Nach 6 Tagen den Essig durch ein Sieb gießen und in die vorbereiteten Flaschen füllen. Kühl lagern und alsbald verbrauchen.

Tomatenessig

Zutaten für 3 Flaschen à 250 ml

2 Schalotten
1 Knoblauchzehe
2 kleine getrocknete Chilischoten
500 ml Estragonessig, wahlweise Weißweinessig
100 g Honig
500 g Strauchtomaten
1½ Zweige frischer Estragon
1 TL eingelegte Pfefferkörner

Ein Einmachglas gründlich mit heißem Wasser ausspülen.
Schalotten und Knoblauch schälen und in nicht zu dünne Ringe schneiden. Chilischoten klein hacken.
In einem Topf den Essig mit dem Honig verrühren. Einmal aufkochen und abkühlen lassen.
Tomaten vierteln, mit den Estragonzweigen, den Pfefferkörnern und dem Chili in das Einmachglas schichten. Mit dem Essigsud auffüllen und die Öffnung mit einem Stück Mull abdecken. An einem kühlen Ort 6 Tage ziehen lassen.
Dann den aromatisierten Essig durch ein Sieb abgießen. Den Essig in die vorbereiteten Flaschen füllen. Gekühlt aufbewahren und alsbald verbrauchen.

Aprikosen-Lavendel-Öl

Zutaten für 2 Flaschen à 250 ml

1 unbehandelte Limette
400 ml Sonnenblumenöl
3 Softaprikosen
½ Zimtstange
4 g getrocknete Lavendelblüten

Mit einem Sparschäler ein Stück Limettenschale abziehen.
Öl in ein Gefäß (z. B. Einmachglas) füllen, die Aprikosen halbieren, vierteln und mit Zimtstange und Limettenschale in das Öl geben.
Lavendelblüten in einer beschichteten Pfanne ohne Fett ganz kurz erwärmen und ebenfalls zu der Öl-Mischung geben. Zubereitung mit einem Stück Mull abdecken und verschließen.
Das Öl nun 8 Tage ziehen lassen. Die Flaschen mit heißem Wasser auskochen und kopfüber trocknen lassen. Gewürzöl durch ein Sieb gießen, in die Flaschen füllen und gut verschließen.
Gekühlt lagern und alsbald verbrauchen.

Kaffeeöl

Zutaten für 2 Flaschen à 150 ml

100 g Espressobohnen
½ Zimtstange
300 ml hochwertiges Olivenöl

Espressobohnen und Zimtstange grob zerstoßen. In eine Pfanne ohne Fett geben und so lange erwärmen, bis es duftet.
Olivenöl dazu gießen und ebenfalls erwärmen (nicht kochen!). Die Mischung vom Herd nehmen und 30 Minuten ziehen lassen. Kaffeeöl durch ein Sieb gießen und in die vorbereiteten Flaschen abfüllen.

MEIN TIPP

Kaffeeöl aromatisiert nicht nur süße Speisen, es gibt Fisch, Geflügel, Gemüsen oder Pasta ein raffiniertes Aroma. In ein Schälchen mit grobem Salz gefüllt, ist es ein leckerer Dip für geröstetes Bauernbrot.

Süßholzsalz

Zutaten für 2 Gläser à 100 g

200 g grobes Meersalz
1 TL abgeriebene Zitronenschale
2 TL Süßholzpulver

Den Backofen auf 80° vorheizen.
Meersalz etwas zerstoßen, Zitrone waschen und trocknen. Backpapier auf die Arbeitsfläche legen. Mit einer feinen Reibe dünn die Zitronenschale auf das Backpapier reiben und im Backofen trocknen lassen.
Salz in eine Schüssel füllen und mit den Händen (Einweghandschuhe) Zitronenschalen und Süßholzpulver mit dem Salz gut vermischen.
Fertige Salzmischung mit einem Trichter in die Gläser abfüllen und gut mit einem Schraubdeckel verschließen. Trocken lagern und alsbald verbrauchen.

Thymian-Zitronen-Salz

Zutaten für 5 Gläser à 200 g

3 unbehandelte Zitronen
1 kg feines Meersalz
100 g fein gemahlener Thymian

Zitronen waschen und trocknen. Backpapier auf die Arbeitsfläche legen. Mit einer feinen Reibe die Zitronenschale dünn auf das Backpapier reiben.
Salz in eine Schüssel füllen und mit den Händen (Einweghandschuhe) Zitronenzesten und Thymian gut mit dem Salz vermischen.
Fertige Salzmischung mit einem Trichter in die Gläser abfüllen und gut mit einem Schraubdeckel verschließen. Trocken lagern und alsbald verbrauchen.

MEIN TIPP

Thymian-Zitronen-Salz passt sehr gut zu gegrilltem und gebratenem Fisch, ebenso zu Hühnchen und Ratatouille.

Hibiskus-Rosenblüten-Zucker

Zutaten für 5 Gläser à 200 g

1 kg Rohrrohrzucker
70 g fein gemahlene Hibiskusbüten
1 EL essbare, getrocknete Rosenblätter

Zucker in eine Schüssel geben.
Einweghandschuhe anziehen und mit den Händen den Zucker mit Hibiskusblüten und Rosenblättern gründlich durchmischen. Den fertigen Hibiskuszucker mit einem Trichter in die Gläser abfüllen und gut mit einem Schraubdeckel verschließen. Trocken lagern und alsbald verbrauchen.

MEIN TIPP

Hibiskusblüten-Zucker schmeckt sehr gut im Tee und verfeinert Quarkspeisen in Kombination mit frischen Erd- oder Himbeeren.

Orangenzucker

Zutaten für 5 Gläser à 200 g

3 unbehandelte Orangen (z.B. Navel)
1 kg Rohrrohrzucker

Orangen waschen und trocknen. Zucker in eine Schüssel geben. Ein Blatt Backpapier auf eine Arbeitsfläche legen. Mit einer feinen Reibe dünn die Orangenschale auf das Backpapier reiben. Den gesamten Orangenabrieb zu dem Zucker in die Schüssel geben. Einweghandschuhe anziehen und mit den Händen den Zucker mit den Zesten gut vermischen.
Den fertigen Orangenzucker mit einem Trichter in die Gläser abfüllen und mit einem Schraubdeckel fest verschließen. Trocken lagern und alsbald verbrauchen.

MEIN TIPP

Etwas schärfer wird der Zucker, wenn man 2 Msp. fein gemahlenes Chilipulver und ¼ TL Zimtpulver dazugibt.

Variante: Dieser Zucker bekommt ein ganz besonderes Aroma, wenn man fein abgeriebene Schale von Pomeranzen mit dem Zucker vermischt.

Pestos und pikante Soßen

Grüne-Soße-Pesto

Zutaten für 4 Gläser à 100 ml

40 g Borretsch
½ Kästchen Kresse
40 g Petersilie
40 g Kerbel
40 g Petersilie,
40 g Schnittlauch
40 g Sauerampfer
40 g Pimpinelle
20 g geriebener Parmesan
30 g gemahlene blanchierte Mandeln
100–120 ml neutrales Öl
2–3 Spritzer Zitronensaft
2 Msp. Zitronenabrieb
1–2 Prisen Cayennepfeffer, Salz
Öl

Die Kräuter waschen und trocken schütteln. Den Parmesan fein reiben. Kräuter von den Stielen zupfen und in ein hohes Gefäß geben. Gemahlene Mandeln und Parmesan zufügen. Das Öl einlaufen lassen und die Zutaten dabei mit dem Pürierstab fein pürieren. Das Pesto mit Zitronensaft und -abrieb, Salz und Cayennepfeffer würzig abschmecken.
Das Pesto in die vorbereiteten Gläser füllen und die Oberfläche mit Öl bedecken. Verschlossen in den Kühlschrank stellen, so hält es sich 3 bis 4 Tage.

MEIN TIPP

Probieren Sie doch mal einen Burger nach hessischer Art mit Handkäse und Pesto!

Koriander-Sesam-Pesto

Zutaten für 2 Gläser à 100 ml

50 g Parmesan
10 g Sesamkörner
1 kleine Knoblauchzehe
1 Bund Basilikumblätter
1 Bund Korianderblätter
3–4 Msp. frischer Ingwer
40 g Tahinpaste (weißes Sesammus)
1–2 EL Limettensaft und 2–3 Msp. Abrieb der Schale
½–1 getrocknete Chili nach Belieben
100–120 ml Rapsöl
Salz, Öl

Den Parmesan fein reiben. Die Sesamkörner in einer Pfanne ohne Fett anrösten. Knoblauch schälen und fein hacken. Basilikum und Koriander kalt abbrausen, trocken schütteln und jeweils 25 g der Blätter von den Stielen zupfen. Die Blätter zusammen mit Knoblauch, frisch geriebenem Ingwer, Tahinpaste, Limettensaft und -abrieb, Parmesan, Chili und Sesamkörnern in ein hohes Gefäß geben. Unter Zugabe des Öls die Mischung mit dem Pürierstab fein pürieren. Mit Salz abschmecken.
In die vorbereiteten Gläser füllen und die Oberfläche mit Öl bedecken. Gut verschlossen hält es sich im Kühlschrank 3 bis 4 Tage.

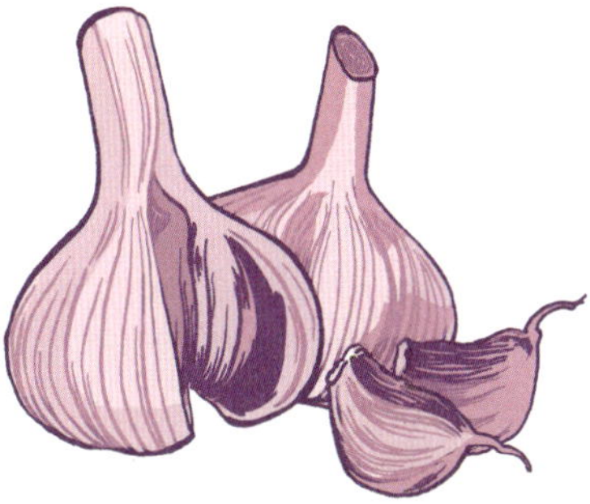

Süßes Kürbiskern-Pesto

Zutaten für 2 Gläser à 100 ml

80 g Kürbiskerne
3 EL Zucker
20 g weiße Kuvertüre
100 ml neutrales Pflanzenöl
1 Zitrone
Öl

Kürbiskerne in einer beschichteten Pfanne ohne Fett anrösten. Zucker dazugeben und mit den Kernen karamellisieren. Die noch heißen karamellisierten Kerne auf ein Blatt Backpapier schütten und abkühlen lassen.
Kuvertüre in grobe Stücke hacken.
Die Kürbiskerne mit der Kuvertüre in ein hohes Gefäß geben. Das Öl einlaufen lassen und die Masse mit dem Pürierstab pürieren. Die Paste mit Zitronenabrieb und einem Spritzer Zitronensaft abschmecken.
Das Pesto in saubere, kochend heiß ausgespülte Schraub- oder Einmachgläser füllen. Die Oberfläche mit einer dünnen Schicht Öl bedecken und die Gläser fest verschließen. Das Pesto hält sich im Kühlschrank etwa 3 bis 4 Tage.

MEIN TIPP

Das Kürbiskern-Pesto schmeckt unwiderstehlich mit frischen Himbeeren und Vanilleeis.

Kürbiskern-Rucola-Pesto

Zutaten für 2 Gläser à 140 ml

30 g Kürbiskerne
55 g Parmesan
30 g Rucola
6 Minzblättchen
1 TL Tomatenmark
100 ml Rapsöl
50 ml Kürbiskernöl
Abrieb einer halben Zitrone
Salz, Pfeffer, Öl

Die Kürbiskerne in einer Pfanne ohne Fett rösten, beiseitestellen und abkühlen lassen. Parmesan fein reiben, Rucola und Minzblätter kalt abbrausen, trocken schütteln.
Für die Zubereitung des Pestos Kürbiskerne, Parmesan, Rucola, Minzblätter und Tomatenmark in ein hohes Gefäß geben. Die Öle nacheinander langsam einlaufen lassen und die Masse mit dem Pürierstab fein pürieren. Das Pesto mit Zitronenabrieb, Salz und Pfeffer abschmecken.
In die vorbereiteten Gläser füllen und die Oberfläche mit Öl bedecken. Gut verschlossen hält es sich im Kühlschrank 3 bis 4 Tage.

Süßes Macadamianuss-Pesto

Zutaten für 1 Glas à 150 ml

60 g ungesalzene Macadamianüsse
10 g ungesalzene Pistazien
15 große Basilikumblätter
3–4 EL Zitronensaft
2 Msp. Zitronenabrieb
4–5 TL Zuckerrübensirup
100 ml neutrales Öl
Öl

Macadamianüsse und Pistazien hacken.
Basilikum kalt abbrausen, trocken schütteln und die Blätter von den Stielen zupfen.
Die gehackten Nüsse mit dem Basilikum, Zitronensaft, Zitronenabrieb und dem Zuckerrübensirup in ein hohes Gefäß geben. Die Mischung mit dem Pürierstab fein pürieren und dabei das Öl langsam einlaufen lassen.
Das Pesto in die vorbereiteten Gläser füllen. Die Oberfläche mit einer dünnen Schicht Öl bedecken und die Gläser fest verschließen. Das Pesto hält sich im Kühlschrank etwa 3 bis 4 Tage.

Süßes Minz-Pesto

Zutaten für 1 Glas à 150 ml

1 Vanilleschote
2 Msp. Vanillemark
1 Bund frische Minzblätter
40 g gemahlene blanchierte Mandeln
3 EL Zitronensaft und etwas Abrieb einer Zitrone
80 ml neutrales Pflanzenöl
2 TL Blütenhonig
Öl

Vanilleschote der Länge nach aufschlitzen und mit einem spitzen Messer das Mark auskratzen.
Die Minze abbrausen, trocken tupfen und 20 g der Blätter vom Stiel zupfen. Zusammen mit dem Vanillemark, den gemahlenen Mandeln und dem Zitronensaft in ein hohes Gefäß geben. Die Minze unter Zugabe des Öls mit dem Pürierstab pürieren. Die feine Minzpaste mit Honig und Zitronenabrieb abschmecken. Das Pesto in saubere, kochend heiß ausgespülte Schraub- oder Einmachgläser füllen. Die Oberfläche mit einer dünnen Schicht Öl bedecken und die Gläser sofort fest verschließen. Das Pesto hält sich im Kühlschrank etwa 3 bis 4 Tage.

MEIN TIPP

Die Minzpaste ist ein erfrischendes Topping zu Vanilleeis oder Milchreis.

Basilikum-Limetten-Pesto

Zutaten für 2 Gläser à 120 ml

25 g Pinienkerne
1 Bund Thaibasilikum
1 Bund Basilikum
40 g Parmesan
Saft einer halben Limette
100–150 ml Rapsöl
Abrieb einer Kaffirlimette
Salz, 1 Prise Cayennepfeffer
Öl

Die Pinienkerne in einer Pfanne ohne Fett goldbraun anrösten und nach dem Abkühlen grob hacken. Thaibasilikum und Basilikum waschen und trocken schütteln. Von dem Thaibasilikum 30 g und von dem Basilikum 50 g der Blätter von den Stielen zupfen und in ein hohes Gefäß füllen.
Parmesan fein reiben und zu den Basilikumblättern geben. Limettensaft und die abgekühlten Kerne zu dem Basilikum geben. Rapsöl hinzufügen und mit dem Stabmixer so lange pürieren, bis eine feine Kräuterpaste entstanden ist. Mit einer feinen Reibe die Schale der Kaffirlimette reiben und das Pesto damit abschmecken, ebenso Salz und Cayennepfeffer zufügen.
Das Pesto in die vorbereiteten Gläser füllen und die Oberfläche mit Öl bedecken. Im Kühlschrank hält es sich 3 bis 4 Tage.

MEIN TIPP

Dieses Pesto schmeckt auch ganz wunderbar zu gebratenem Fisch und gebratenen Gemüsen.

Steinpilz-Nuss-Pesto

Zutaten für 3 Gläser à 120 ml

40 g getrocknete Steinpilze
20 g gemahlene Mandeln
20 g gemahlene Haselnüsse
10 g gemahlene Walnüsse
60 g Parmesan
20 Basilikumblätter
200 ml Rapsöl
3–4 EL Trüffelöl
1 Prise Cayennepfeffer
Zitronensaft, Salz
Öl

Getrocknete Pilze in reichlich Wasser 1 Stunde einweichen.
Mandeln, Haselnüsse, Walnüsse in einer Pfanne ohne Fett hell anrösten. Den Parmesan fein reiben.
Die eingeweichten Pilze durch ein Sieb abgießen, gut ausdrücken und grob hacken.
Nun die Nüsse zusammen mit den Pilzen, dem Parmesan und den Basilikumblättern in ein hohes Gefäß füllen, Raps- und Trüffelöl hinzufügen. Mit dem Stabmixer so lange pürieren, bis das Pesto eine feine sämige Konsistenz hat. Das Steinpilzpesto mit Cayennepfeffer, Zitronensaft und Salz abschmecken.
Das Pesto in die vorbereiteten Gläser füllen und die Oberfläche mit Öl bedecken. Im Kühlschrank hält es sich 3 bis 4 Tage.

MEIN TIPP

Anstelle von Trüffelöl kann auch Mandel- oder Walnussöl verwendet werden.

Lieblingstomatensoße

Zutaten für 12–14 Gläser à 225 ml

1 kleine Chilischote
1 kleine rote Paprika
2,5 kg reife Tomaten (z.B. San Marzano oder Ochsenherz)
1,7 kg Dosentomaten
6 Knoblauchzehen
6 EL Olivenöl
5–6 Rosmarinzweige
5–6 Thymianzweige
2 Lorbeerblätter
1 Zweig Oregano
1 EL braunen Zucker
1–2 EL Balsamico-Creme
Salz, Pfeffer

Den Ofen vorheizen auf 220°.
Chili fein hacken. Von der Paprikaschote mit einem Sparschäler die Haut dünn abziehen, die Paprika halbieren, den Stiel und die Kerne herausschneiden. Paprikahälften würfeln.
Tomaten waschen, halbieren und die Stielansätze herausschneiden, vierteln und in grobe Stücke schneiden. Die Tomaten aus der Dose ebenfalls in grobe Stücke schneiden. Den Saft auffangen und später mitkochen.
Den Knoblauch schälen und mit einem Messer grob andrücken.
Das Öl in einem Bräter erhitzen und die Knoblauchzehen mit den Kräutern glasig anbraten. Tomatenwürfel mit dem aufgefangenen Saft, Chili, den Paprikastücken und den Gewürzen dazugeben.
Die Zubereitung im Ofen für ca. 1 bis 1,5 Stunden dicklich einkochen lassen.
Heiße Tomatenmasse anschließend gut durch ein Sieb streichen.
Die aufgefangene Sauce nochmals aufkochen und würzig abschmecken mit Zucker, Balsamico-Creme, Salz und Pfeffer.
Die heiße Sauce in die bereits sterilisierten Gläser abfüllen und sofort verschließen. Den Vorrat kühl und dunkel lagern.

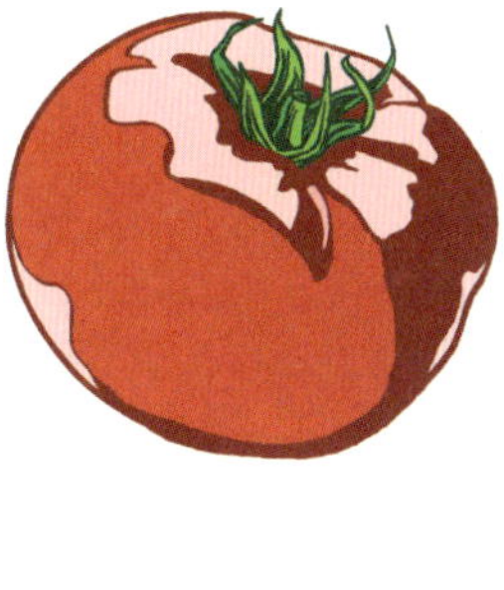

MEIN TIPP

Mit Nudeln und frischem Parmesan ist das eines der schnellsten und leckersten Abendessen in unserer Familie. Für die rustikalere Variante einfach die Tomaten nur grob pürieren.

Tomatenketchup

Zutaten für 3 Flaschen à 300 ml

220 g rote Paprikaschoten
150 g Karotten
1 Staudensellerie
2,4 kg Dosentomaten
100 g getrocknete Tomaten
280 g Zwiebeln
2 Knoblauchzehen
2 EL Öl
200 ml Rotweinessig
4 Thymianzweige
10 Basilikumblätter (groß)
80 g brauner Zucker
3–4 Lorbeerblätter
½ TL getrockneter Oregano
1½ TL Paprikapulver (edelsüß)
1 Msp. Cayennepfeffer
Salz, Pfeffer

Paprika halbieren, entkernen, schälen und 180 g Fruchtfleisch abwiegen. Karotten schälen und 120 g abwiegen. Sellerie putzen und 150 g abwiegen. Alle Gemüse würfeln und in eine große Schüssel geben. Tomaten grob hacken und mit dem Saft zu den anderen Gemüsen geben. Ebenso die getrockneten Tomaten klein schneiden und in die Schüssel geben.
Zwiebeln schälen, würfeln und 200 g abwiegen. Die Knoblauchzehen schälen und durch eine Presse drücken. Öl in einem großen Topf erhitzen, Zwiebeln und Knoblauch glasig dünsten. Die Tomaten-Gemüse-Mischung mit den Gewürzen in den Topf geben und kurz mit dünsten.
Mit dem Essig aufgießen. Bei mittlerer Hitze die Masse einkochen, bis ein Großteil der Flüssigkeit verkocht ist. Die Mischung durch ein Sieb oder Passiergerät passieren. Das Tomatenpüree in einen Topf geben und mit Zucker vermischen. Mit Oregano, Paprikapulver und Cayennepfeffer würzen.
Bei mittlerer Hitze dicklich einkochen lassen. Das Ketchup vor dem Abfüllen mit Salz und Pfeffer abschmecken und gegebenenfalls noch etwas nachwürzen mit Paprikapulver etc.
Das heiße Ketchup in die bereits sterilisierten Flaschen abfüllen und diese gut verschließen.

Würzige Grillsoße

Zutaten für 2 Gläser à 500 ml

10 g frischer Ingwer
1 Knoblauchzehe
100 g Schalotten
400 g Dosentomaten
2 Limetten: Saft und Abrieb
1–2 EL Olivenöl
1 g getrockneter Rosmarin
2 g getrockneter Thymian
40 g brauner Zucker
100 ml Cola
40 g Ketchup
23 g Räuchersalz
0,3 g Cayennepfeffer
80 g Honig
schwarzer Pfeffer nach Belieben

Ingwer, Knoblauch und Schalotten schälen und klein würfeln. Tomaten klein hacken. Limetten waschen und mit einer feinen Reibe die Schale abreiben. Limetten dann halbieren und den Saft auspressen.
Öl im Topf erhitzen. Schalotten, Knoblauch, Ingwer, Rosmarin und Thymian darin glasig andünsten. Den braunen Zucker dazugeben und flüssig werden lassen. Mit Cola und Limettensaft ablöschen. Tomaten, Ketchup und Limettenabrieb dazugeben. Zubereitung auf kleiner Flamme 5 Minuten köcheln lassen, dann Räuchersalz, Cayennepfeffer und Honig dazugeben.
Alles für weitere 5 Minuten köcheln lassen. Den Topf vom Herd ziehen und die Masse mit dem Pürierstab fein pürieren. Je nach Belieben mit frisch gemahlenem Pfeffer abschmecken.
Die heiße Sauce in die sterilisierten Gläser füllen und sofort verschließen.

MEIN TIPP

Diese Sauce ist die perfekte Begleitung für alles, was vom Grill kommt! Ebenso gut lässt sie sich auch als Marinade verwenden.

Süßes Beerenketchup

Zutaten für 2–3 Flaschen à 150 ml

700 g Himbeeren (frisch oder TK)
120 g Granatapfelkerne
200 g Puderzucker
50 ml Himbeergeist
1 Prise geriebene Tonkabohne

Himbeeren verlesen, in ein Sieb geben und kurz abbrausen. Granatapfel zerteilen und die Kerne auslösen.
Himbeeren und Granatapfelkerne in einem Topf mit Puderzucker und Himbeergeist aufkochen. Etwa 4 bis 5 Minuten auf kleiner Flamme köcheln lassen. Die heiße Fruchtmasse mit einem Pürierstab pürieren und durch ein feines Sieb streichen. Mit frisch geriebener Tonkabohne würzen und nochmals aufkochen. Noch heiß in die vorbereiteten Flaschen abfüllen und verschließen.

Tapenade

Zutaten für 2 Gläser à 120 ml

60 g Schalotten
2 Knoblauchzehen
100 g grüne Tomaten
75 g schwarze Oliven
8 g getrocknete Tomaten
5 EL Olivenöl
1 TL brauner Zucker
20 g Kapern
1–2 TL Balsamico-Creme
Pfeffer, Salz

Schalotten und Knoblauch schälen und klein würfeln. Grüne Tomaten waschen, den Strunk entfernen und klein schneiden. Die Oliven halbieren und entsteinen. Getrocknete Tomaten klein schneiden.

2 EL Olivenöl in einer Pfanne erhitzen, Schalotten und Knoblauch darin glasig andünsten. Grüne Tomatenstücke zufügen und kurz weitergaren. Dann den Zucker dazugeben und schmelzen lassen. Die Pfanne beiseitestellen und abkühlen lassen.

Olivenstücke, getrocknete Tomaten und Kapern zusammen mit der Schalotten-Knoblauch-Tomaten-Masse in ein hohes Gefäß füllen. Balsamico-Creme, Pfeffer, Salz und Olivenöl dazugeben Mit dem Pürierstab pürieren, bis die Tapenade eine geschmeidige, aber nicht zu feine Konsistenz hat. Die Tapenade in ein vorbereitetes Glas abfüllen und verschließen. Tapenade im Kühlschrank aufbewahren und innerhalb von 6 bis 8 Tagen verbrauchen.

Kompott

Apfelmus

Zutaten für 6–7 Gläser à 120 ml

1,2 kg Äpfel (z.B. Elstar)
1 Zitrone
½ Vanilleschote
1 dünne Scheibe Ingwer
100 g Zucker
200 ml naturtrüber Apfelsaft
½ Zimtstange
1 Pimentkorn

Äpfel schälen, vierteln, entkernen und in kleine Würfel schneiden. Von der Zitronenschale 1–2 Streifen dünn abschälen. Zitrone halbieren und auspressen. Apfelwürfel mit Zitronensaft mischen.
Vanilleschote halbieren, der Länge nach aufschlitzen, Mark herauskratzen. Ingwer schälen und eine 2–3 mm dicke Scheibe abschneiden.
Den Zucker in einen Topf geben und hell karamellisieren lassen. Mit Apfelsaft ablöschen, dann Apfelwürfel, Zimtstange, Zitronenschale, Ingwer, Vanillemark und Piment dazugeben. Die Fruchtzubereitung aufkochen und bei kleiner Flamme 10 bis 15 Minuten weich dünsten.
Zitronenschale, Zimtstange und Piment aus dem Topf entfernen. Die heiße Fruchtmasse mit dem Pürierstab ganz fein pürieren. In die vorbereiteten Gläser füllen und verschließen.

Brombeerkompott

Zutaten für 2 Gläser à 300 ml

600 g Brombeeren
½ Tonkabohne
1 Orange
1 Zitrone
100 ml roter Portwein
50 ml Crème de Cassis
100 ml Kirschsaft
1 Scheibe Ingwer
50 g Honig
½ Zimtstange

Die Brombeeren verlesen, in ein Sieb geben, kalt abbrausen und trocken tupfen. Beeren dicht in die vorbereiteten Gläser schichten.
Den Backofen auf 175° vorheizen. In eine ofenfeste Form etwa 2 cm hoch heißes Wasser füllen.
Die Tonkabohne grob zerstoßen. Mit einem Sparschäler von der Orange und der Zitrone jeweils ein dickes Zestenstück abziehen. Für den Sud Portwein, Cassis, Kirschsaft, Honig, Ingwer, Zimtstange, Tonkabohne, Zitronen- und Orangenzeste in einen Topf geben. Den Sud aufkochen, vom Herd nehmen und 30 Minuten ziehen lassen. Dann durch ein Sieb gießen und nochmals aufkochen. Die Beeren im Glas mit dem heißen Gewürzsud aufgießen und direkt verschließen.
Die Gläser in das Wasserbad und in den Ofen stellen. Sobald sich Bläschen in den Gläsern bilden, den Ofen ausschalten und das Kompott 30 Minuten einkochen. Die Gläser aus dem Ofen nehmen und das Kompott bis zur Verwendung kühl und dunkel lagern.

Exotenkompott

Zutaten für 2 Gläser à 500 ml

1 Zitrone
1 Orange
2 Passionsfrüchte
250 g Rohrzucker
100 ml braunen Rum
1 Zimtstange
1 Ananas
200 g Kumquats
2 Nektarinen

Mit einer feinen Reibe jeweils die Hälfte der Schale der Zitrone und der Orange abreiben. Orange halbieren und auspressen. Passionsfrüchte halbieren, das Fruchtfleisch aus der Schale herauslöffeln und durch ein Sieb streichen. Den Saft auffangen.
In einem Topf 500 ml Wasser mit Zucker, Rum, Zimtstange, Passionsfruchtsaft, Orangensaft und Schalenabrieb aufkochen. Auf kleiner Flamme 15 Minuten köcheln lassen.
Die Ananas halbieren, vierteln, den harten Strunk entfernen und die Viertel schälen. 300 g Fruchtfleisch abwiegen und in kleine Stücke schneiden. Kumquats waschen, vierteln und in kleine Stücke schneiden. Nektarinen halbieren, Stein entfernen, vierteln und klein schneiden. Ananas, Kumquats und Nektarinen in den Sud geben und das Ganze 15 Minuten ziehen lassen.
Die Zimtstange entfernen, dann das Kompott noch heiß in die Gläser einfüllen und gut verschließen.

Heidelbeerkompott

Zutaten für 2 Gläser à 300 ml

600 g Heidelbeeren
240 ml Rosenlimonade (z.B. Fantimans)
160 g Einmachzucker

Die Heidelbeeren in ein Sieb geben, verlesen, mit kaltem Wasser abbrausen und abtropfen lassen. Beeren dicht in die sterilisierten Gläser schichten. Gläser vorsichtig auf ein feuchtes Küchentuch klopfen, um Zwischenräume auszugleichen.
Backofen auf 175° vorheizen. In eine ofenfeste Form etwa 2 cm hoch heißes Wasser füllen.
Rosenlimonade mit Zucker in einen Topf geben und zum Kochen bringen. Auf mittlerer Flamme kochen, bis sich der Zucker gelöst hat.
Den heißen Rosensud in die Gläser mit den Beeren gießen. Die Gläser verschließen, in die Form stellen und diese in den Ofen schieben. Sobald sich in den Gläsern Bläschen bilden, den Ofen ausschalten und das Kompott 30 Minuten einkochen. Das fertige Kompott aus dem Ofen nehmen und bis zur Verwendung kühl und dunkel lagern.

MEIN TIPP

Es gibt ein intensiveres Rosenaroma, wenn in dem Sud noch ein paar getrocknete Rosenblätter mitgekocht werden.

Kirschkompott

Zutaten für 2 Gläser à 550 ml

1 Zitrone
1 Orange
550 g Einmachzucker
100 ml Crème de Cassis
550 ml Kirschsaft
5 Zimtblüten
1,5 kg Sauerkirschen

Mit einem Sparschäler die Schale von einer halben Zitrone abziehen. Die Orange halbieren und auspressen.
Zucker in einen Topf geben und hell karamellisieren lassen. Mit Crème de Cassis ablöschen und mit Orangen- und Kirschsaft, Zitronenschale und Zimtblüten auffüllen. Den Sud für 5 Minuten auf mittlerer Hitze köcheln.
Die Kirschen in einen Durchschlag geben, waschen und abtropfen lassen. Die Früchte entstielen, halbieren und entsteinen. Kirschen eng in die vorbereiteten Gläser schichten, mit Sud auffüllen und mit dem Deckel verschließen.
Den Backofen auf 175° vorheizen, in eine ofenfeste Form etwa 2 cm hoch heißes Wasser füllen.
Die Gläser mit den Kirschen in der Form in den Ofen stellen. Sobald sich Bläschen in den Gläsern bilden, den Ofen ausschalten und das Kompott noch 30 Minuten einkochen.
Die Gläser aus dem Ofen nehmen und bis zur Verwendung kühl und dunkel lagern.

MEIN TIPP

Als Alternative zu den Zimtblüten kann man 1 Zimtstange und 4 Nelken verwenden.

Kirschen-Nektarinen-Kompott

Zutaten für 3–4 Gläser à 300 ml

350 g Kirschen
700 g Nektarinen
2 Zitronen
½ Vanilleschote
250 g Einmachzucker
50 ml Pfirsichlikör
½ Zimtstange
1 Lorbeerblatt

Kirschen waschen, halbieren und entkernen.
Wasser in einem Topf zum Kochen bringen. Nektarinen oben kreuzweise einschneiden und kurz in heißes Wasser halten. Die Haut abziehen, halbieren, vierteln und entkernen.
Die Früchte in eine Schüssel geben. Eine Zitrone auspressen, den Saft mit Nektarinen- und Kirschstücken mischen.
Die Vanilleschote halbieren, der Länge nach aufschlitzen und das Mark herauskratzen. Die Kirsch- und Nektarinenstücke mit Einmachzucker, Vanillemark, Pfirsichlikör, Zimtstange und Lorbeerblatt mischen. In einer Schüssel abgedeckt mit Klarsichtfolie über Nacht in den Kühlschrank stellen.
Von der zweiten Zitrone ¼ der Schale fein abreiben. Die Fruchtmasse mit 200 ml Wasser und dem Zitronenabrieb in einen Topf geben und aufkochen. Die Hitze reduzieren und 15 bis 20 Minuten einkochen.
Vor dem Abfüllen Lorbeerblatt und Zimtstange entfernen. Das Kompott noch heiß in die Gläser füllen und verschließen.

Quittenkompott

Zutaten für 1 Glas à 1 l

1,2 kg Quitte
1 Zitrone
½ Vanilleschote
100 ml Birnensaft
250 g Zucker
200 g brauner Zucker
2 Zweige Thymian
1 Lorbeerblatt
2 Pimentkörner

Die Quitten schälen, vierteln, Gehäuse entfernen und in kleine Würfel schneiden. Die Zitrone auspressen und den Saft mit den Quittenstücken mischen. Die Vanilleschote halbieren, längs aufschneiden und das Mark herauskratzen.
350 ml Wasser mit Birnensaft, Zucker und braunem Zucker in einen Topf geben und aufkochen. Quittenwürfel, Thymianzweige, Lorbeerblatt, Pimentkörner, Vanillemark und -schote dazugeben und auf kleiner Flamme 15 Minuten kochen.
Quitten und Gewürze mit einer Schaumkelle aus dem Sud nehmen und in das Einmachglas einfüllen.

Rhabarberkompott

Zutaten für 3–4 Gläser à 290 ml

1 kg Rhabarber
350 g brauner Zucker
20 g getrocknete Hibiskusblüten

Den Backofen auf 175° vorheizen.
Rhabarber waschen, putzen und in 3,5 cm lange Stücke schneiden.
Wasser in einem Topf zum Kochen bringen und die Fruchtstücke kurz darin blanchieren. Rhabarberstücke sehr dicht in 2 Schichten in die Gläser füllen.
500 ml Wasser mit Zucker und Hibiskusblüten aufkochen und köcheln, bis der Zucker gelöst ist. Die Blüten durch ein Sieb abgießen. Den heißen Sud über den Rhabarber gießen. Die Gläser verschließen und in einer mit etwa 2 cm heißem Wasser gefüllten Form in den Ofen schieben. Sobald sich in den Gläsern Bläschen bilden, den Ofen ausschalten und das Kompott 30 Minuten einkochen lassen. Die Gläser aus dem Ofen nehmen und bis zur Verwendung kühl und dunkel lagern.

Rote Bete in Kirschsaft mit Kakaosplittern

Zutaten für 4 Gläser à 250 ml

1 kg Rote Bete
2–3 Kakaobohnen
1 Zitrone
500 ml Kirschsaft
100 ml Rotwein-Balsamessig
1 Zimtstange
2 Pimentkörner
100 g brauner Zucker

Rote Bete mit der Schale in Salzwasser weich garen. Schälen und in kleine Würfel schneiden. Rote-Bete-Würfel in die bereits sterilisierten Gläser schichten.
Die Kakaobohnen grob zerstoßen. Von der Zitrone eine 1 cm dicke Scheibe abschneiden. Kirschsaft in einen Topf geben und mit Rotwein-Balsamessig, Kakaosplittern, Zimtstange, Pimentkörnern, Zitronenscheibe und Zucker zum Kochen bringen. 5 Minuten köcheln lassen, dann von der Herdplatte nehmen und 30 Minuten ziehen lassen. Den Sud durch ein Sieb gießen und nochmals aufkochen. Mit der heißen Flüssigkeit die Gläser auffüllen und fest verschließen.
Wenn die Gläser über einen längeren Zeitraum gelagert werden sollen, müssen diese nochmals im Backofen 60 Minuten eingekocht werden.

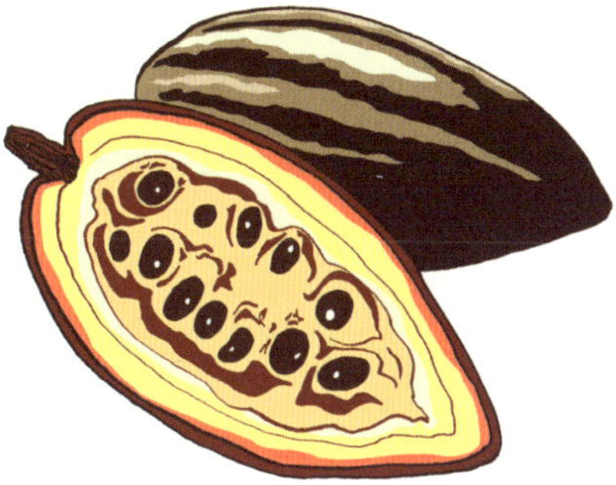

Kuchen im Glas

Früchtebrot

Zutaten für 3 Sturzgläser à 580 ml

50 g getrocknete Cranberrys
50 g getrocknete Sauerkirschen
20 g getrocknete Apfelringe
2 EL Kirschschnaps
1 TL Zitronensaft
½ Vanilleschote
150 g weiche Butter
100 g brauner Zucker
3 Eier (Zimmertemperatur)
Abrieb von ¼ Zitrone
150 g Dinkelmehl
1 Prise Nelkenpulver
½ TL Zimtpulver
1 Prise Kardamom
1 Prise Muskat
50 g gemahlene Haselnüsse
1 TL Backpulver
1 Prise Salz

Cranberrys, Kirschen und Apfelringe nicht zu fein hacken. Früchte in einer Schüssel mit dem Kirschwasser und dem Zitronensaft mischen. Abgedeckt eine Stunde ziehen lassen. Vanilleschote halbieren und der Länge nach aufschlitzen. Das Mark mit einem Messer herauskratzen.
Den Backofen auf 180° vorheizen.
Alle Einmachgläser gut mit Butter ausstreichen und mehlieren.
Die Butter in einer Schüssel schaumig rühren. Zucker und ausgekratztes Vanillemark dazugeben und gut verrühren.
Eier trennen, Eiweiß beiseitestellen. Nach und nach die Eigelbe unterrühren.
Die Butter-Ei-Mischung mit dem Zitronenabrieb abschmecken.
Das Mehl mit den Gewürzen, den gemahlenen Haselnüssen und dem Backpulver vermischen.
Die Eiweiße mit einer Prise Salz zu Schnee steif schlagen. Abwechselnd Eischnee und Mehl unter die Buttermasse mischen.
Zuletzt die marinierten Früchte unterheben.
Die Masse gleichmäßig in die 3 Gläser füllen und im Backofen auf mittlerer Stufe 45 bis 55 Minuten backen.
Mit einem Stäbchen prüfen, ob die Früchtebrote durchgebacken sind. Die Gläser aus dem Ofen nehmen und sofort verschließen.

MEIN TIPP

Beim Einfüllen der Teigmasse darauf achten, dass die Glasränder sauber bleiben, damit Deckel und Gummiring die Gläser gut abdichten.

Bananenbrot

Zutaten für 3 Sturzgläser à 580 ml

100 g weiche Butter
120 g brauner Zucker
10 g Bourbon-Vanillezucker
1 Ei (Raumtemperatur)
2 reife mittelgroße Bananen
40 g Zartbitterschokolade
100 g Naturjoghurt
1 Päckchen Backpulver
1 Prise Salz
250 g Mehl
50 g gemahlene Mandeln
Butter zum Ausstreichen der Gläser

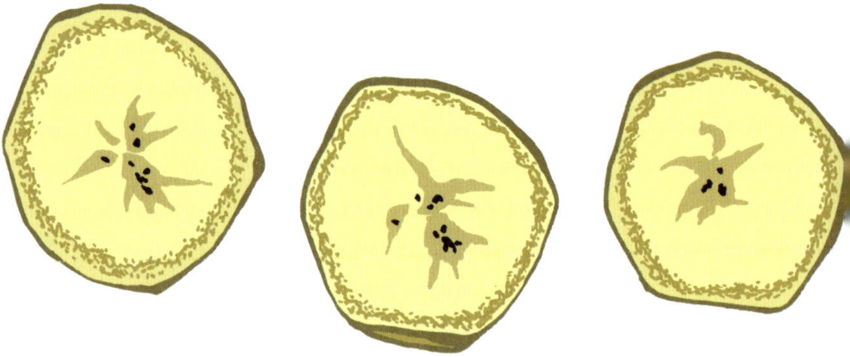

Den Ofen auf 180° vorheizen. Die Einmachgläser mit Butter ausstreichen.
Butter, Zucker, Vanillezucker und Ei in eine Schüssel geben und mit dem Handmixer schaumig rühren.
Bananen schälen, 200 g Fruchtfleisch abwiegen und mit einer Gabel fein zerdrücken.
Zartbitterschokolade in kleine Stücke hacken.
Bananenmus und Joghurt in die Buttermischung rühren.
Das mit Backpulver und Salz gemischte Mehl sowie Mandeln und Schokoladenstücke unter die Bananenmischung heben.
Den Teig gleichmäßig in die Gläser füllen und auf mittlerer Schiene 40 Minuten backen
Mit einem Stäbchen prüfen, ob die Bananenbrote durchgebacken sind.
Die Gläser aus dem Ofen nehmen und sofort mit Gummiring, Deckel und Klammer verschließen.

Butterkuchen mit Marzipan

Zutaten für 6–8 Einweckgläser à 370 ml

330 g Mehl
50 g Zucker
40 g Butter
1 Ei (mittelgroß)
125 ml Milch
1 Prise Salz
20 g Hefe
Butter

Für die Füllung
110 g weiche Butter
100 g Marzipanrohmasse
1 EL Mandelblättchen

In einer Schüssel Mehl mit Zucker, Butter, Ei, Milch, Salz und zerkrümelter Hefe zu einem glatten Teig verkneten. Teigschüssel abdecken und über Nacht im Kühlschrank gehen lassen.
Marzipan grob raspeln und mit der Butter zu einer cremigen Masse verrühren. Mandelblättchen unterrühren.
Backofen auf 180° vorheizen, eine feuerfeste Tasse mit Wasser auf den Backofenboden stellen. Gläser mit Butter ausstreichen.
Den Teig auf der bemehlten Arbeitsfläche etwa 30 × 40 cm groß ausrollen. Die Marzipanmasse gleichmäßig darauf verstreichen, zum unteren Rand etwas Platz freilassen. Eng zusammenrollen und in 4 cm dicke Scheiben schneiden. Mit der offenen Seite in die Gläser setzen. Etwa 40 Minuten backen.
Die Gläser aus dem Ofen nehmen und sofort verschließen.

MEIN TIPP

Wenn die Kuchen frisch gegessen werden, aus Puderzucker und Zitronensaft eine dickflüssige Glasur anrühren und die heißen Butterkuchenschnecken damit bestreichen.

Karottenküchlein mit Anisstreuseln

Zutaten für 3 Einweckgläser à 370 ml

Für die Streusel
40 g brauner Zucker
40 g Mehl
40 g gemahlene Haselnüsse
40 g kalte Butter
1 TL Anissamen
Abrieb einer viertel bis halben Zitrone

Für den Teig
120 g weiche Butter
1 Vanilleschote
2 Msp. Vanillemark
120 g brauner Zucker
3 große Eier
1 Prise Salz
120 g Mehl
½ TL Backpulver
90 g Karotten
Butter für die Förmchen

In eine Schüssel Zucker, Mehl, Haselnüsse, Butterstückchen, Anis und Zitronenabrieb geben. Mit den Fingern vermischen und zu Streuseln krümeln. Für 45 Minuten abgedeckt in den Kühlschrank stellen.
Den Ofen auf 180° vorheizen und die Gläser gut mit Butter ausstreichen.
Die Karotten schälen und mit einer Gemüsereibe raspeln.
Für den Teig in einer Schüssel die weiche Butter mit Vanillemark und Zucker hell schaumig rühren. Eier trennen, Eiweiß beiseitestellen. Nach und nach die Eigelbe unter die Buttermasse rühren. Eiweiß mit einer Prise Salz zu steifem Schnee schlagen. Das mit Backpulver vermischte Mehl sowie den Eischnee im Wechsel unter den Teig ziehen. Zuletzt die geraspelten Karotten unterheben.
Den Teig gleichmäßig auf die Gläser verteilen. Mit den Streuseln bestreuen. In den Ofen schieben und 45 Minuten backen, bis die Streusel goldgelb sind. Mit einem Stäbchen prüfen, ob die Kuchen durchgebacken sind. Die Gläser aus dem Ofen nehmen und sofort verschließen.

Kokosküchlein

Zutaten für 4 Einweckgläser à 580 ml

1 Limette
250 g Butter
50 g getrocknete Bananenstücke
40 g weiße Kuvertüre
350 g Mehl
200 g Zucker
70 g Kokosraspel
1 TL Backpulver
1 ½ TL Bourbon Vanillezucker
Abrieb einer halben Limette
150 ml Kokosmilch
4 mittelgroße Eier
Butter

Den Backofen auf 180° vorheizen. Einmachgläser mit Butter ausstreichen.
Limette auspressen. Butter im Topf schmelzen. Bananen- und Kuvertürestücke klein hacken.
Mehl, Zucker, Kokosraspel, Backpulver, Vanillezucker, Limettensaft und Bananenstücke in eine Schüssel geben. Dann Butter, Kokosmilch und die Eier zufügen. Alle Zutaten gleichmäßig verrühren. Mit Limettenabrieb abschmecken. Den Teig gleichmäßig in die Gläser verteilen.
Im Backofen auf mittlerer Stufe 35 bis 40 Minuten backen. Wenn der Kuchen oben zu dunkel wird, die Gläser mit Backpapier abdecken. Mit einem Stäbchen prüfen, ob die Küchlein durchgebacken sind.
Die Gläser aus dem Ofen nehmen und sofort verschließen.

MEIN TIPP

Der Kuchen bekommt noch mehr Kokosaroma, wenn die Kokosraspel in einer Pfanne ohne Fett etwas angeröstet werden. Anstelle von Kokosmilch kann auch Milch verwendet werden.

Mandelküchlein mit Preiselbeeren

Zutaten für 4 Gläser à 160 ml

60 g Mehl
1 TL Backpulver
50 g brauner Zucker
60 g gemahlene Mandeln
½ TL Zimt
1 Prise Nelkenpulver
1 TL Bourbon-Vanillezucker
½ TL Zitronenabrieb
1 Msp. frischer Ingwer
60 ml neutrales Öl
2 Eier
80 g eingemachte Preiselbeeren
Butter

Den Ofen auf 180° vorheizen. Einweckgläser mit Butter ausstreichen.
Mehl mit Backpulver in einer kleinen Schüssel vermischen.
In einer weiteren, größeren Schüssel Zucker, gemahlene Mandeln, Zimt, Nelkenpulver, Vanillezucker mit dem Mehl vermischen. Mit einer feinen Reibe Zitronenschale und Ingwer dazureiben. Öl und Eier dazugeben. Damit der Kuchen schön locker wird, die Zutaten nur kurz mit dem Mixer verrühren.
Alle Gläser mit guten 2 EL Teig befüllen. Preiselbeeren gleichmäßig darauf verteilen und mit dem restlichen Teig bedecken.
Gläser in den Ofen schieben und auf mittlerer Schiene 25 Minuten backen. Mit einem Stäbchen prüfen, ob die Kuchen durchgebacken sind. Die Gläser aus dem Ofen nehmen und sofort verschließen.

MEIN TIPP

Die Mandelküchlein lassen sich sehr gut in der Weihnachtszeit verschenken. Eine weihnachtliche Note bekommt man durch 1 TL Spekulatiusgewürz.

Schokoküchlein

Zutaten für 3 Gläser à 290 ml

40 g Softpflaumen
4 EL Armagnac
100 g Zartbitterkuvertüre
60 g Butter
120 g feiner Zucker
1 Ei
120 g Vanillejoghurt
120 g Mehl
30 g Kakaopulver
½ TL Backpulver
1 Prise Salz
½ TL Natron
Butter

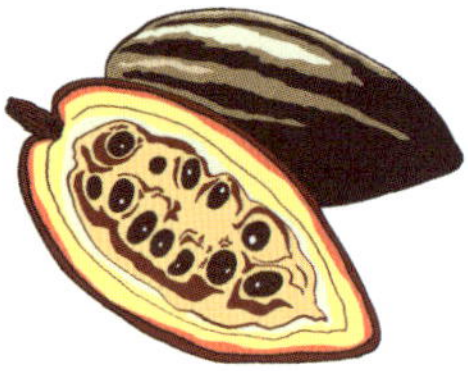

Die Softpflaumen in kleine Würfel schneiden und mit dem Armagnac 3 Stunden marinieren. Kuvertüre in nicht zu grobe Stücke hacken.
Den Ofen auf 180° vorheizen. Die Gläser mit Butter ausstreichen.
Die Butter in einem kleinen Topf schmelzen und beiseitestellen.
In einer Schüssel Zucker, Ei und Vanillejoghurt gut verrühren.
In eine weitere Schüssel Mehl und Kakaopulver sieben, mit Backpulver, Salz, Natron sowie den gehackten Schokoladenstücken mischen.
Die Eier-Joghurt-Masse unter die Mehlmischung rühren. Dann die flüssige Butter gut unterrühren. Zuletzt die marinierten Pflaumenstücke unterheben. Den Teig gleichmäßig auf die Gläser verteilen.
Die Gläser in den Ofen stellen und die Küchlein 30 Minuten backen. Mit einem Stäbchen prüfen, ob die Schokoladenküchlein durchgebacken sind. Die Gläser aus dem Ofen nehmen und sofort verschließen.

Zitronen-Vanillekuchen mit eingelegter Zitrone

Zutaten für 3 Weckgläser à 500 ml

2 Zitronen
300 g Einmachzucker
120 ml Wasser
1 Vanilleschote
2 Zweige Zitronenthymian
4 Eier (Raumtemperatur)
Prise Salz
180 g Butter
160 g Zucker
Abrieb einer halben Zitrone
180 g Mehl
Butter

Für die Zubereitung der kandierten Zitronen diese in 1 cm dicke Scheiben schneiden. In einem Topf Zucker und Wasser kochen, bis ein Sirup entsteht. Vanilleschote halbieren und der Länge nach aufschlitzen, mit einem Messer das Mark auskratzen. Zitronenscheiben mit Vanilleschote, Vanillemark und Thymianzweigen in den Sirup legen und 1 Stunde auf kleiner Flamme ziehen lassen. Topf vom Herd nehmen, abdecken und weitere 12 Stunden ziehen lassen.
Den Backofen auf 180° vorheizen. Die Gläser mit Butter ausstreichen.
Eier trennen, Eigelb beiseitestellen. Eiweiß mit einer Prise Salz steif schlagen.
In einer weiteren Schüssel, Butter mit Zucker, Zitronenabrieb und dem restlichen Vanillemark cremig rühren. Nach und nach das Eigelb dazugeben. Eischnee und Mehl im Wechsel unter die Eimischung ziehen.
Jeweils etwas Teig auf den Glasboden geben, dann eine Scheibe der kandierten Zitronenscheibe darauflegen und mit Teig bedecken. Eine weitere Zitronenscheibe einlegen und ebenfalls mit Teig bedecken.
Die Gläser in den Ofen schieben und auf der mittleren Schiene 40 Minuten backen.
Mit einem Stäbchen prüfen, ob die Zitronenkuchen durchgebacken sind. Die Gläser aus dem Ofen nehmen und sofort verschließen.

Register

Inhalt

 Bezugspapier: Kat Menschik, Berlin. Gesetzt in den Schriften Adobe Garamond Pro und Meta Pro. Gedruckt auf holzfreies, alterungsbeständiges, mattgestrichenes Papier der Firma Cordier, Bad Dürkheim, vom Memminger MedienCentrum. Gebunden in Fadenheftung von der Conzella Verlagsbuchbinderei GmbH & Co KG, Aschheim-Dornach. Printed in Germany.
ISBN 978-3-458-20029-1